知识产权制度与生态环境保护的法经济学研究

ZHISHI CHANQUAN ZHIDU YU SHENGTAI HUANJING BAOHU DE FA JINGJIXUE YANJIU

贾引狮　杨柳薏／著

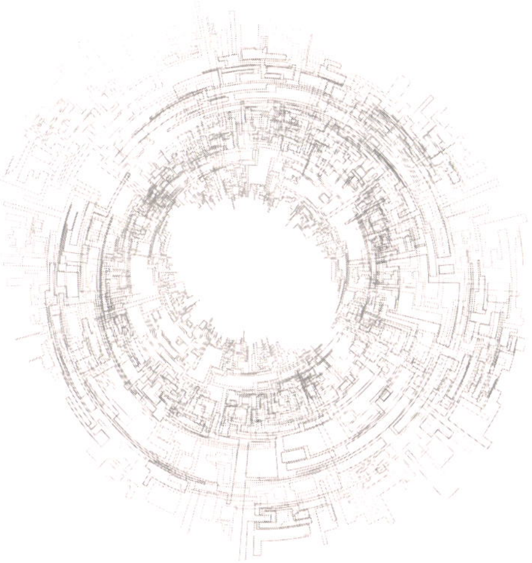

桂林电子科技大学学术著作出版基金资助出版
桂林电子科技大学『环境与资源保护法学创新团队』资助出版
桂林电子科技大学『知识产权发展与保护研究基地』资助出版

全国百佳图书出版单位
知识产权出版社

图书在版编目（CIP）数据

知识产权制度与生态环境保护的法经济学研究/贾引狮，杨柳薏著．—北京：知识产权出版社，2016.3

ISBN 978－7－5130－4010－5

Ⅰ.①知… Ⅱ.①贾…②杨… Ⅲ.①知识产权—经济学—研究 Ⅳ.①F129.331

中国版本图书馆CIP数据核字（2015）第073456号

责任编辑：牛洁颖　　**责任校对：**谷　洋

装帧设计：SUN工作室　　**责任出版：**刘译文

知识产权制度与生态环境保护的法经济学研究

贾引狮　杨柳薏　著

出版发行：知识产权出版社有限责任公司	网　址：http：//www.ipph.cn
社　址：北京市海淀区西外太平庄55号	邮　编：100081
责编电话：010－82000860转8109	责编邮箱：niujieying@sina.com
发行电话：010－82000860转8101/8102	发行传真：010－82000893/82005070/82000270
印　刷：保定市中画美凯印刷有限公司	经　销：各大网上书店、新华书店及相关专业书店
开　本：880mm×1230mm　1/32	印　张：7.375
版　次：2016年3月第1版	印　次：2016年3月第1次印刷
字　数：180千字	定　价：28.00元

ISBN 978-7-5130-4010-5

目　录

第一章

问题的提出：知识产权制度关注生态环境保护的演进历程

在人类社会经济发展的历史长河中，要研究生态环境保护与知识产权制度之间的关系，我们可以将人类文明的发展历程分为四个阶段：原始文明、农业文明、工业文明和生态文明阶段。在不同的文明发展阶段，由于人类的生产方式不同，所处的生态环境也不同，知识产权制度与生态环境保护之间的关系也在不断变化之中。

一、原始文明时期，知识产权制度与生态环境保护没有交集

原始社会中，人类改造自然的方式比较简单，生产工具和方式比较落后，主要靠集体采集和狩猎，对其所

处的自然生态环境存在天然的恐惧和依赖。到了原始社会的后期，人们对自然规律有了一定的总结，并有了一些简单的科学技术发明，如火的取得和使用、简单生产工具的制造技术、动物的驯化技术、以符号记录生活生产活动、简单的种植技术和农耕技术等。如，在公元前5~前6世纪的西亚两河流域出现了最早的青铜器，人类也逐渐掌握了铜的冶炼方法。然而原始文明只是人类文明的启蒙，是人类不断走向成熟的初级阶段，在此阶段，由于生产力水平较低，知识不是人们内在的必然需要，就更谈不上产生保护科学技术进步的知识产权制度。在原始文明时期，虽然人们有了改造自然、利用自然、影响生态环境的能力，但这种生产方式和能力远不能对生态环境造成任何威胁，反而是恶劣的自然生态环境随时对人类的生存产生现实的威胁。在原始社会中，一方面，人们以团体的力量和简单的生产工具与自然界共处，从自然界中索取衣食所需；另一方面，人们又受到自然界的严重威胁，对自然界的千变万化不得理解，并产生了畏惧和盲目地崇拜，进而演变成为某些忌讳和规范。而作为相对高等的文明制度——知识产权制度尚没有萌芽，知识产权制度与生态环境保护之间没有任何交集可言。

二、农业文明阶段，知识产权制度的萌芽与生态环境问题同时出现

随着灌溉技术和农耕技术的发展，人类逐步进入了农业文明时代。人们逐步从崇拜自然转化到改造自然，此时，人们改造自然的科学技术也得到了长足的发展，

如，采取火烤水浇的方式开山通路，冶炼铁质农具提高农耕技术，发明了造纸术和活字印刷术，加快了知识的创新和传播；甚至在许多农耕国家出现了许多专门从事科技创新的群体和个人，如中国古代的鲁班、毕昇、郭守敬等。同时，在古代也出现了知识产权制度的萌芽，如，北宋济南“刘家功夫针铺”使用了图文并茂的“认门前白兔儿为记”的商标，是商标保护的雏形；南宋对《方舆胜览》等书的权益加以保护而专发榜文，体现了著作权保护的思想。同样，在西方国家也出现了封建君主赐予一些商业者特权，允许他们进行垄断经营。如，1236 年英王亨利三世就授予某一波尔多市民色布制作技术 15 年的垄断权，1331 年爱德华三世对佛兰德斯人约翰肯普的纺织、染色和漂洗等技术予以保护，等等。17 世纪中叶，法国学者卡普佐夫的著作中首次出现了“知识产权”的概念，即来自一切知识领域的权利；后来，比利时法学界皮卡第将“使用知识产权的权利”定义为“知识产权”。知识产权制度萌芽的出现，一方面加快了社会经济的发展，另一方面也对生态环境产生了一些负面的影响，如，造纸术、印刷术的发明和推广、建筑技术的飞速发展使得人们砍伐了更多的森林，人类生存的自然环境开始遭到破坏。但由于当时人类并没有向生态环境中丢弃不可降解的物质，整个自然生态系统具有自我修复能力，仍维持着整个生态环境的平衡。

在此阶段，虽然有中国古代“天人合一”的道家朴素思想，主张人与自然和谐共处，但是在整个环境论题上，人类中心主义（Anthropocentric）占据着主导地位，该主义认为人类是生物圈的中心，具有内在的价值，是唯一的伦理主体和道德代理人，其道德地位优越于其他物种的伦理观。该伦理观片面强调人与自然界的分离和对立，极力倡导人类征服自然、主宰自然，无视自然界和其他生命体的存在价值，把人类的发展建立在对自然资源的掠夺性开发和利用基础上，一切均以人为中心。因此，该伦理观被西方的一些思想家认为是现代生态危机的价值根源。著名历史学家汤因比就认为，近代科学的发展以及人们关于人与自然和谐共存的传统价值观念的丧失，是导致现代生态危机的根源。他认为，从生态伦理的意义上看，近代的机械论世界观以及以这种世界观为基础的近代科技革命，共同促成了近现代人类对自然的掠夺。❶

三、工业文明阶段：知识产权制度逐步完善，生态环境日益恶化

工业文明阶段始于第一次工业革命，该阶段科学技术得到了突飞猛进的发展，也给人类带来了改造自然的更先进的工具。在该阶段，西方国家为了鼓励创新，著作权法、专利法和商标法逐步出现并加以完善，知识产权制度体系逐步形成。自 1967 年《成立世界知识产权组织公约》（WIPO）签订后，知识产权的概念得到世界上大多数国家和国际组织的承认；随后在世界贸易组织体系内签订了《与贸易有关的知识产权协议》（以下简称 TRIPS 协议），其保护的知识产权范围进一步扩大，

---

❶ 曹明德：《生态法原理》，人民出版社 2002 年版，第 3 ~ 4 页。

涵盖了著作权与邻接权、商标权、专利权、地理标志权、外观设计权、集成电路布图设计权、商业秘密权等，并规定了国际知识产权保护的最低标准、原则和具体措施等。知识产权制度的完善，一方面鼓励和保护了创新，给人类经济社会的发展插上了腾飞的翅膀，使人类社会的科技和经济得到了很大的发展；另一方面人类又以前所未有的速度和规模干扰和破坏地球的生态平衡，对生态环境造成了许多破坏性的影响，如臭氧层被破坏、地球气候变暖、地球极端天气增多、生物多样性被破坏等许多生态危机等。

在工业文明阶段，科学技术的工具理性得以彰显，价值理性遭遇冷落。在马克斯·韦伯的理论中，工具理性是科学技术自身发展和演变的结果，然而随着工具理性的极大膨胀，在科学技术实施控制和追求效率的过程中，科技逐步由解放人类的工具退化为统治自然和人类的工具。[1] 贝克则认为，传统现代性的重要知识原则就是"科学理性"，这种工具理性表面上看"全知全能"，实则"片面垄断"，造成了当今很多的社会问题。[2] 工业文明阶段生态环境的急剧恶化，一定程度上来源于科学技术工具理性的过度膨胀和价值理性的缺位，人们醉心于完善知识产权制度，创新科学技术来改造自然世界，满足人们的物质贪欲，而忽略了知识产权制度及科学技术解决包括生态环境在内的社会问题的价值理性。

---

[1] ［德］马克斯·韦伯：《新教理论与资本主义精神》，于晓、陈维刚译，陕西师范大学出版社 2006 年版，第 141 页。

[2] ［德］乌尔里希·贝克：《世界风险社会》，吴英姿译，南京大学出版社 2004 年版，第 103 页。

在此阶段，人们由刚开始的推崇知识产权制度，逐步致力于知识产权制度的完善。然而后来随着知识产权制度对生态环境产生了许多的消极影响，人们开始不断地反思知识产权制度对生态环境的正负影响，提出了知识产权制度应关注生态环境的想法。如，蕾切尔·卡逊所著的《寂静的春天》，反思了 DDT 农药的使用对生态环境造成的恶劣影响，以致美国“总统科学顾问委员会”对 DDT 的应用进行了验证，出具的报告中就指出了包括知识产权制度在内的美国法律制度在保护生态环境中的漏洞；唐奈拉·米都斯和丹尼斯·米都斯合著的《增长的极限》，则反思了人类若按照 20 世纪 60 年代末 70 年代初的发展速度持续发展，将会造成发展的“困境”与“极限”，将会造成污染加重、生态环境崩溃等恶果。上述提及的美国的报告动摇了知识产权制度正义性的根据——洛克的建立在劳动学说之上的个人主义财产权理论、亚当·斯密的财富论等。与此同时，法学界的相关学者对科技（包括知识产权制度）与生态环境之间的关系进行了初始探索与研究。

四、生态文明阶段：知识产权制度的生态化趋势不断加强

随着第三次科技革命的深入发展，知识产权制度逐步完善，人们的生活和经济条件不断得到提升，但同时人类与生态环境的矛盾也在不断加深，地球人口激增，许多自然资源面临短缺，环境污染日益严重，生态环境不断遭到破坏，人类开始寻找一条经济、生态环境相协调发展的道路。早在 1972 年的联合国人类环境会议上，

与会专家在分析生态环境问题产生的原因时就提到技术、发展、工业化、人口等因素，而这些环节是当代生态环境保护必须予以统筹考虑的问题；在保护生态环境方面，提出了防治污染的科技管理措施，指出这些综合性的措施对生态环境保护具有重大的意义，并最终形成了《人类环境宣言》。

随着人们对生态环境恶化现状的反思，可持续发展观念和生态文明的理念开始出现，即我们所追求的发展既能满足当代人的需要，又不损害后代人满足其需要的能力的发展，这些理念和发展观所追求的是促进人类之间的和谐以及人与自然之间的和谐，具体包括经济可持续性、生态可持续性、社会可持续性，具有多元的指标体系。其不仅包括经济、社会的，也包括生态环境的；不仅包括物质与技术层面，也包括制度和文化价值层面。其中的制度层面就包括有知识产权制度在内的法律制度，与此同时，我国也适时提出了“资源节约型、环境友好型”社会的建设目标，在《国家知识产权战略纲要》中也提出了应引导市场主体创造和运用知识产权，进行生态环境保护。鉴于生态环境问题存在于社会生活的各个方面，生态环境问题的根本解决涉及不同法律部门的协调，甚至要对原有的部门法进行改造，使原有的部门法律不论从法律规范本身还是法律观念，都发生适应这种新情况的变化。世界自然保护联盟（International Union for Conservation of Nature and Natural Resources，IUCN）负责人 H. E. Akiko Domoto 曾指出，20 世纪的法律以经济增长和发展为基础，而 21 世纪则要求从环境角度，特别是全球变暖、环境污染和生物多样性退化等重大环境角度评判所有的法律。[1]

当前在国际知识产权制度发展过程中，知识产权制度的生态化也是未来趋势之一。2001 年 WTO 多哈部长会议期间，TRIPS 理事会和贸易与环境委员会就曾经考察了 TRIPS 协议与生物多样性（CBD）之间的关系。在第 41 届国际保护知识产权协会年会上，环境技术与知识产权保护、产品修理与回收中的知识产权用尽、环境保护中的国际广告（与著作权相关）就分别列入了大会议题。2009 年的世界知识产权保护日的活动主题即“倡导绿色创新”，强调了研发绿色产品和环保技术在知识产权保护中的重要作用。综上所述，生态危机的出现、生态文明理念的提出使得生态环境保护和知识产权制度两个原本互相独立的体系发生了紧密的结合，知识产权生态化是未来知识产权制度完善的趋势之一。

总之，知识产权法律生态化就是要将生态环境保护的理念和要求反映在知识产权法律之中，使知识产权法律朝着和生态环境相协调的方向发展，最终实现人类社会的可持续发展。同时，我们也应该认识到，与生态环境相关的法律制度所要实现的生态环境问题的解决是建立在保障和推动科学技术进步的基础之上的，而不是要遏制或阻碍科学技术的进步。为适应这种变化，解决经济发展中的生态环境问题，就需要对知识产权制度从观念到规范进行彻底转变，通过具体的制度设计将生态环境保护的理念根植于知识产权法律之中，以实现知识产

---

[1] ［新加坡］黎莲卿等：《亚太地区第二代环境法展望》，邵芳等译，法律出版社 2006 年版，第 56 页。

权制度的生态化。

当然，在生态文明阶段，在人与自然的关系上，我们也应该克服“人类中心主义”向“生态中心主义”这一矫枉过正的倾向。该理论源自法学界的“主客体一体化”，即在法律关系上，在人与自然界之间，主客体之间的关系不是绝对而是相对的，人可以成为主体，在一定情况下，自然也可以成为主体；自然是客体，但在特定情况下，人也可以成为客体。“生态中心主义”拔高了自然界的地位，是对生态文明的片面理解，系统科学对于人和自然之间的和谐问题，只需应用主客体的关系即可得到妥善解决，并不需要采用把自然作为“主体”这种违背哲学关于主客体的基本规定性的方式。[1]在知识产权制度生态化的研究过程中，我们也应该避免从一个极端走入另一个极端，避免落入“生态中心主义”的窠臼。

五、用法经济学的理论研究知识产权制度与生态环境保护是一项理论创新

可持续发展是我国重要的发展战略，其基本内容包括经济增长、社会结构、生态环境等的协调发展，而要实现人类与生态环境的可持续发展，知识产权制度的生态化是一种知识产权理念上的创新和构想，它将生态环境的保护与知识产权制度的创新紧密结合在一起，要求将所有有利于生态环境保护的思想贯穿于整个知识产权制度的修改和完善之中。当前西方国家已经放弃了依靠

[1] 杨雄文：《知识产权法总论》，华南理工大学出版社 2014 年版，第 89 页。

耗费资源、牺牲环境换取经济发展的老路，转而注重知识产权制度，依靠科技进步，最终实现经济、生态、社会效益共同发展的目标。而目前我们国家知识产权制度在生态环境保护方面的作用乏善可陈，存在很多问题，知识产权制度与生态环境保护的结合不强，使得知识产权制度生态化步履蹒跚。可见，剖析我国知识产权制度在生态化方面的缺点，并提出具体的对策和建议，对应用知识产权制度保护生态环境有很高的学术价值和实践意义。

研究知识产权制度的生态化，就是人们在创造智力成果的过程中要有生态化的思想，整个知识产权制度的创新和完善要考虑调整人与自然可持续发展的生态化要求，具备使不同代际、区际群体得到充分发展的前瞻性，该问题的研究涉及法律、社会、生态、经济学等学科知识，自然应该采用多学科的知识对该问题进行综合研究，以加深我们对知识产权制度生态化问题的理解。从另一个方面来看，知识产权制度的现代化路径表明，知识产权制度不能仅仅专注于鼓励创新而罔顾全球气候变化、资源耗竭与能源安全、生物多样性、生态环境保护等符合人类需求的公共政策问题而独行，如此将使得知识产权制度变成一个封闭的“独立王国”，无法汲取其他学科的营养，将会偏离社会科学本身的发展轨道。

法经济学（Economics of Law），或称为经济分析法学（Jurisprudence of Economics Analysis），是20世纪60年代从美国发展起来的用新制度经济学的方法研究法律问题而形成的法学流派，它是法学与经济学结合、交叉的边缘学科。其主要的代表人物有科斯（Ronald

H. Coase）、波斯纳（Richard A. Posner）、马老伊（Robin Paul Malloy，我国另有学者译为麦乐怡）等。该学派的基本概念有经济人、效益或效率（efficiency）、边际效益、帕累托最优（Pareto Optimality）与卡尔多—希克斯效率（Kaldor - Hicks Efficiency）、交易成本（transaction costs）、科斯定理、博弈论（Game Theory）等。该学派研究的基本问题包括法律的经济效益价值和法律的成本问题等，研究的基本方法总体来说是经济分析方法，属于微观经济学的制度经济学方法，分析各种涉法活动的成本，包括立法、司法、守法行为和各种违法行为的成本，其目的在于指导立法和司法活动。

从法经济学的观点来看，法律所保护的权利都是具有效益的。就同一法律规则而言，法学学者考虑怎样维护“公正”，经济学者考虑如何维护“效益”，当两项价值目标发生冲突时，单纯从公正性的角度考虑往往不利于知识产品的效益最大化；反之，简单从经济效益角度考虑又会误入法律虚无主义的泥沼。法经济学的产生和发展既促进了经济学的发展，也促进了法学的发展，它给了法学的发展新的视角和方法，也揭示了法与经济的内在关系。知识产权制度与生态环境保护之间的问题既是法学界关注的问题，也是经济学界研究的问题，对于如何在考虑知识产权制度在保障创新人的个人利益的前提下，同时又能兼顾包括生态环境在内的诸多公共利益方面，法经济学有其独特的研究方法，必定能对该问题的研究带来很多启示。

第二章

知识产权制度对生态环境影响的法经济学分析

第一节　知识产权制度对生态环境保护具有正效应的法经济学分析

一、知识产权制度可以减少人们对自然资源的消耗

不可否认，知识产权制度的首要目标是保护人们的创新成果，鼓励人们发明和创造更多的高新技术及产品。同时，我们应该看到，受知识产权制度保护的许多新技术和新产品还可以大幅度降低人类对自然资源的消

耗。我们倡导人与自然界和谐相处，就应当运用知识产权制度，改变依靠“耗费自然资源进行发展”的传统理念，倡导“利用知识资源”的新观念，通过鼓励创造、运用科学技术含量高、自然资源耗费少的高技术产品，减少对自然资源的耗费。

在经济学上，决定经济增长的变量既包括土地、资源、劳动、资本等生产要素，也包括科学技术和包括知识产权在内的制度要素，在我们追求同一经济增长速度或总量的过程中，不同的生产要素是可以互相替代的。根据经济学的相关理论，在生产同量的产品时，我们可以投入多种生产要素的组合来实现，不同的生产要素之间是有替代关系的。微观经济学用等产量曲线来论述该理论，等产量曲线是指使用不同生产要素的组合可以生产出同数量的产品。如图 2－1 所示，横轴代表土地、矿产、劳动等自然资源，纵轴代表知识产权制度及其所保护的科学技术，a 点和 b 点表示两种生产要素虽然投入量不同，但是生产了同产量的产品，从 b 点移动到 a 点表明：在减少自然资源投入的情况下，增加知识资源的投入完全可以生产出同等量的产品。

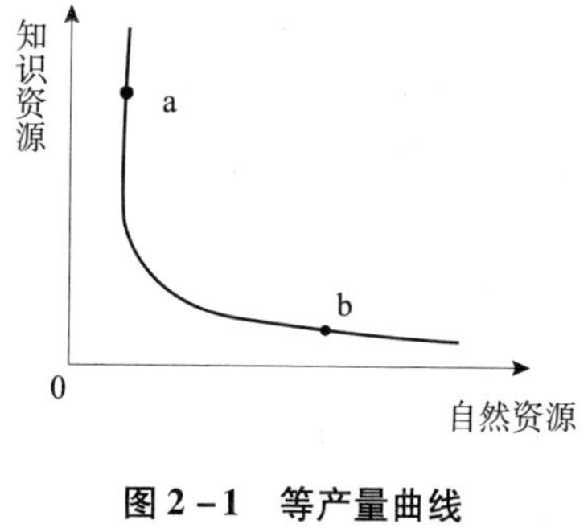

图 2－1　等产量曲线

在运用知识产权制度改善生态环境的过程中，我们要对知识资源进行投资和高度重视，把社会经济发展从单纯依靠自然资源的消耗转移到主要依赖知识资源的消耗上来。在当今全球经济竞争日益激烈的背景下，知识产权在国家中的地位不断提高，国家之间的竞争已经从传统的劳动力、资本、自然资源之间的竞争转化为依靠知识、技术和信息的竞争，知识产权在国家经济发展中起着更重要的作用。与不可再生的自然资源和耗竭性的自然资源相比，知识资源也具有取之不尽的特性，运用知识产权制度，可以有效地减少人们对自然资源的索取，达到改善生态环境的目的。

二、知识产权制度通过改变人们的消费结构，进而降低对自然资源的消耗

运用知识产权制度，可以促使自然人、法人在科学技术、文学艺术、工商业标识等领域创造出更多的精神财富，即知识产品。知识产品的大量出现改变了传统上人们对物质产品的单纯消费，转向消费知识产品和物质产品的综合消费。消费者的日常消费行为是为了满足自身的生理或信息需求，经济学中将消费商品或服务带给人们的满足水平用效用来表示。为了分析知识产品对物质产品的替代关系，我们可以用无差异曲线来说明。无差异曲线是指消费两种不同商品的不同数量组合可以给消费者带来相同的满足水平，即效用。图2－2就说明了该问题，其中，横轴表示人们消费物质产品的数量，纵轴代表人们消费知识产品的数量，坐标内的a点和b点代表消费两种商品的数量组合虽然不同，但是给消费

者带来了相同的满足水平，从 b 点向 a 点移动，人们的消费水平没有改变，但是节省了大量的物质产品消耗，节约了更多的自然资源，能够缓解生态环境的压力。

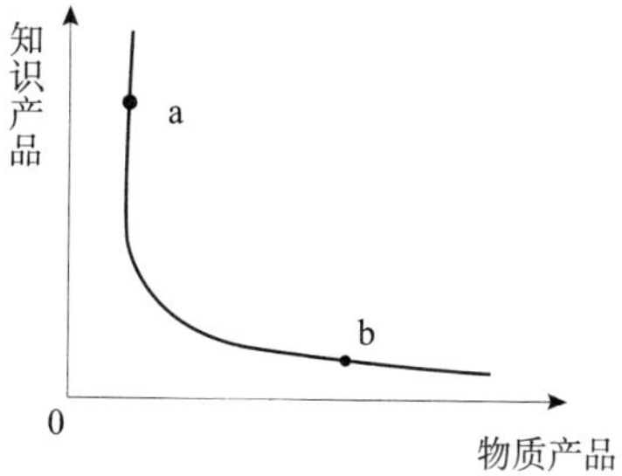

图 2－2 无差异曲线

以知识产权制度中的著作权法为例，著作权法的宗旨在于创作者对其作品拥有一定时期的垄断权，以鼓励创新。各种科学、文学、艺术、医学等作品可以提高人们的素质，陶冶人们的情操，净化人们的心灵，提高人们的精神境界。在满足人们基本的物质利益的基础上，文学作品、电影、电视剧等知识产品可以替代人们对物质产品的消耗。随着工业革命的完成和商业的繁荣，人们的物质生活得到了极大的提高，物欲也随之膨胀，出现了许多奢侈浪费、攀比消费、穷奢极欲等不良消费行为，给人类的生态环境增加了不小的压力。为抑制人们的不良物欲，著作权法所保护的文学、戏剧、雕塑、诗歌、美术作品等知识产品可以引导人们从单纯地追求物质满足转向追求精神世界的愉悦。人们的精神世界得到升华后，就能够挣脱名利的羁绊，超越物质欲望，自然而然地会改变一些不良的消费习惯，降低对自然资源的索取，并投入到生态环境的自我维护中去，这也是生态文明的具体表现。同时，商标权制度中大量出现的“绿色商标”“节能商标”“环保商标”可以潜移默化地改变人们的消费习惯，促使人们购买更多的绿色环保产品。可见，知识产权制度能改变消费者的行为，促使人们自发地调节自身的消费活动，是生态环境维护的“心灵调节器”。

三、知识产权制度可以提高人们治理污染的能力，并进而保护生态环境

西方发达国家也曾经走过牺牲环境来发展经济的道路，但现在已经觉悟并放弃了这条不可持续的道路，开始将经济发展与生态环境保护结合起来。其中一个好的经验就是注重知识产权制度，推进科技进步，依靠科学技术的力量发展经济、治理环境，最终实现经济、生态、社会三个效益目标的有机结合。

正因为面临严重的环境问题，世界各国都在不遗余力地发展环保技术，都在运用知识产权制度促进环保技术的创新和产业化。如，火力发电厂在发电过程中会排放二氧化硫，造成大气环境污染，而如何“脱硫”曾是世界性的难题，以往主要采用石灰石法脱硫，需要耗费大量淡水，并形成废渣，导致“二次污染”，也增加了发电成本。我国武汉晶源公司经过多年自主研发，以天然海水替代淡水实现脱硫减排技术，并于 1999 年获得了发明专利证书。该减排技术彻底改变了依靠传统的消耗大量淡水和能源的脱硫方法，降低了 2/3 的脱硫成本。目前，环保产业已经成为世界各国非常重视的“朝阳产业”，据统计，从 1992 ~ 2013 年，全球环保产业的市场规模从 2500 亿美元增至 6000 亿美元，年均增长率

8%，远远超过全球经济增长率。2013 年，国务院发布了《关于加快发展节能环保产业的意见》，在意见中明确提出，我国要形成一批拥有自主知识产权和国际竞争力的重大节能环保装备和产品，要培育 15 家左右掌握核心技术、拥有知识产权的龙头企业，要加强知识产权保护，促进科技成果产业化，推进知识产权投融资机制建设。可见，治理环境污染、保护生态环境离不开知识产权制度的保驾护航，世界知识产权组织（WIPO）曾指出，知识产权制度对减缓气候变化的相关技术的创新和转移、解决全球气候问题方案至关重要。

四、知识产权制度可以促进生态环境保护技术的转移

当今世界，任何一个国家防治环境污染、修复生态环境所需的知识和技术都不可能完全靠本国研究和创造，即使美日欧等发达国家也不例外。对于各国来说，在大力发展拥有自主知识产权的高新生态修复技术的同时，从国外引进大量先进技术仍是推动本国治理生态环境的一条有效途径。在科技发展日新月异的时代，引进生态技术和加强国际生态技术交流，必须要有一个大家所共同遵守的国际准则，即要有效充分地保护知识产权。如果没有完善的制度保障，人们就会将自己的发明创造严加保密，从而迟滞科学技术的传播，也不利于发明创造的应用和推广，生态技术之间的转移与国际合作就难以展开。改革开放以来，我国能够引进大量的生态环境修复技术，原因就在于我国已经建立了与国际接轨的知识产权制度。以知识产权制度中的专利权制度为

例，申请专利权要有对发明的详细说明，这些公开的技术说明为技术的转让提供了评估依据，便于双方对技术转移事项的谈判，有利于减少交易成本，促进生态修复技术的转让。

如，我国在“九五”期间，为了防治水土流失、改善水土流失高发区的生态环境，引进了水土流失监测技术，建立了水土流失严重的黄土高原不同尺度的水土流失数据库，并对其四条典型流域进行监测、评价和分析，为该流域水土流失区域的水土流失治理、生态环境恢复与治理提供了决策依据；引进的优良草木品种经过选育，优选出了符合西北牧区和黄土高原的草木品种，种植示范面积达 1333 公顷。[1] 这些都是建立在知识产权制度之上的生态环境保护技术转移的成功实例。

五、知识产权客体具有不同于物质产品的特征，这决定了知识产权制度对生态环境的保护大有可为

（一）知识产权客体的非排他性，决定了知识产权制度可以兼顾经济价值和生态价值

知识产权客体是指人们在科技、文化等知识形态领域所创造的精神产品，即知识产品。

知识产品的首要特征就是非排他性，这也是许多经济学家将知识产品看作公共产品的重要原因。非排他性是指如果一个社会中存在公共产品，将不能排斥该社会任何人消费该种产品，或者刻意排斥某些人对该产品的

[1] 陈明忠、吴宏伟、刘晶：“引进国外先进技术 促进我国水利科技进步”，载《中国水利》2002 年第 1 期，第 7 页。

消费在经济学上是缺乏效率的。非排他性表明，采取收费的方式限制任一消费者对公共产品的消费是非常困难的，或者限制某些消费者对该产品的消费是缺乏效率的。公共产品的这一特征与私人产品形成了鲜明的对照。在私人产品场合，产品的排他性是很强的，一个人消费某种产品，另一个人就不能消费这一产品。两个人不能同时穿同一双鞋子、戴同一顶帽子便是例证。而公共物品的排他性较弱，在经济学家看来，知识产品属于公共物品，因为将该产品提供给一个使用者使用时并没有削减该产品的使用性，尤其对于文学作品一类的著作权而言，一旦在社会公众中传播，几乎没有什么可能来阻止他人获取相关的信息。一首好听的音乐可以在世界上不同的地方被不同人同时传唱，而且此音乐的价值并不会因多次和反复传唱而减少或丧失。

如果一个知识产品在追求其经济价值的同时也追求生态价值，这是不存在任何问题的。因为知识产品具有非排他性，知识产权人在将其转让给他人以实现经济价值的同时，也没有削减该产品实现其他价值的功能，该知识产品仍然可以被用于环境治理方面，以实现其生态价值目标。世界上很多国家的知识产权制度都规定了强制许可和合理使用知识产权的制度❶，以维护公共利

❶ 如，我国《专利法》第49条规定："在国家出现紧急状态或者非常情况时，或者为了公共利益的目的，国务院行政部门可以给予实施发明专利或者实用新型专利的强制许可。"《著作权法》第22条规定："在下列情况下使用作品，可以不经著作权人许可，不向其支付报酬，但应当指明作者姓名、作品名称，并且不得侵犯著作权人依照本法享有的其他权利……（七）国家机关为执行公务在合理范围内使用已经发表的作品。"

益。在提倡生态环境保护和知识产权驱动的今天，这些规定在一定程度上是可以起到保护生态环境作用的。

（二）知识产权客体的非消耗性，决定了知识产权制度在保护生态环境方面大有可为

经济学将财产分为有形财产和无形财产两种，两者最主要的区别表现为在使用过程中是否具有易消耗性。有形财产的使用具有很强的消耗性，随着使用次数的增加而功能日渐老化；而无形财产则不会因为使用而消耗掉。知识产权制度的客体——知识产品，是可以持续利用的财产，它不会随着使用时间的推移而被消耗，也不会随着使用次数的增多而发生有形损耗。根据自然科学的热力学理论，1850 年，德国物理学家鲁道夫·克劳修斯首次提出“熵”的概念，以用来表示任何一种能量在空间中分布的均匀程度，能量分布得越均匀，熵就越大。后来，物理学家又陆续提出了熵增加原理[1]，以说明随着产品使用次数的增加，能量消耗也随之增加。根据知识产权最新理论，知识产权的对象是信息（或符号）的有序组合，该组合具有负熵特性，即信息（或符号）的有序组合因为在被利用的同时并没有自身的熵增，因此能够被反复利用。这对于自然资源来说是不可想象的，虽然自然资源也可以被利用来降低世界的熵

[1] 系统的熵在可逆绝热过程中不变，在不可逆绝热过程中单调增大，这就是熵增加原理。由于孤立系统内部的一切变化与外界无关，必然是绝热过程，所以，熵增加原理也可表示为：一个孤立系统的熵永远不会减少。它表明，随着孤立系统由非平衡态趋于平衡态，其熵单调增大，当系统达到平衡态时，熵达到最大值。熵的变化和最大值确定了孤立系统过程进行的方向和限度，熵增加原理就是热力学第二定律。

增，但被利用的同时意味着自身的熵增，因此不能够被反复利用。反映到物权和知识产权这两种权利的区别上，知识产权对象具有与物权对象相生相克的矛盾关系，物权对象（自然资源就是物权对象中的一类）表征为一种熵增的自发倾向，只有依靠知识产权对象的负熵流的注入，才能有效扭转物权对象被利用后的熵增（无序化）结果。同时，知识和知识载体互为依靠，知识的产生与传播利用必然要消耗能量，必然要以物权对象的熵增为代价，因此表现出知识产权对象对物权对象的相克作用。物权对象的熵增，促使我们追求更多的负熵；而知识—信息（或符号）的有序组合在利用过程中的负熵特性，决定了知识产权制度在保护生态环境、减少自然资源消耗方面大有可为。

六、知识产权的权利内容具有多重性，这决定了知识产权制度可以承担生态环境保护的责任

知识产权的权利内容具有多重性的特征，这使得知识产权的对象——知识的利用权既可以由权利人自己行使，也可以授权他人与权利人共同行使。与物的唯一性相比，知识作为形式，既可以无限地再现自己，也可以经再创造“变相”地再现自己。知识产权的权利人不但能够自己行使权利，也可以在同一国家内同时或先后将知识产权相同或不同的权能分别授予多人行使。因此，知识产权的权利既具有很强的可分授性，也具有很强的共享性。知识产品的公开性是知识产权产生的前提条件（作品与商业秘密除外，因为作品完成就产生了知识产权，而秘密性是商业秘密的特征），一旦知识产品

面向社会公开，人们就可以从中得到相关的知识且加以使用，并且若干主体可以在一定的时空条件下共同享用，不同的人可以同时使用同一知识产品，且不同的使用者之间不会相互影响对该产品的使用效果，即相互之间不会产生剥夺感。甚至在某些特定情况下，随着时间的推移和更多人的使用，知识产品的影响力不但不会日渐式微，反而会日渐增长，并且会有更多的知识产品在利用该知识产品的基础上被创造出来。知识产权权利内容的多重性，给权利人行使自己的权利带来了很大的便利，权利人既可以为了自身的经济利益去行使，也可以在不影响自身经济利益的同时，为了追求生态环境利益去行使。

总之，知识产品的非消耗性，决定了它在应用于经济领域时，自身并不会被消耗掉，它还可以在生态保护领域发挥作用，且在不同领域之间的使用并不会产生相互的剥夺；知识产品的可共享性，也说明了知识产权制度可以在经济、生态等不同领域共同被使用，且随着使用次数和人数的增加，还能增加知识产品本身的影响力。可见，从知识产品本身的非消耗性和可共享性来看，知识产权制度既能保护智力成果创造者的个人利益，使其获取自身追求的经济价值；也能兼顾包括生态环境在内的社会公共利益，使其获取包括生态价值在内的社会价值。

同时，我们也应该明白知识产权本质上虽然是一种私权，但是知识产品本身具有公共产品的特征。而我们为了鼓励发明创造，将知识产权界定为私有是否是有效率的？对此，经济学家也有不同的争论。其中，阿罗就曾经指出，知识产品的公共产品属性使得其边际成本为零，如果我们将知识产品私有化，会人为增加其边际成本，增加我们使用知识资产的成本，最终会减少知识成果的使用和推广。因此，我们应该明白，知识产权的私权属性并不是绝对的，有人认为其是一种具有公权性质的私权，因为其本身还承担着实现公共利益的价值目标。实现公共利益这种良好愿望本身具有这样的含义：个人的利益低于多数人的利益，任何一个公民都应该为了社会公共利益而放弃私人利益。为了实现公共利益的目标，保证社会公众对于知识产品的合理利用，对创造者的专有权利应该进行必要的限制。合理利用他人的知识产品，或基于公共健康的需求，或基于公共教育的需求，当然也应该包括基于社会生态环境保护的需要，这些都是正当的、合理的。因此，自从知识产权制度产生以来，寻求知识产权私人利益与公共利益之间的平衡是其一贯追求的目标。

第二节　知识产权制度对生态环境保护具有负效应的法经济学分析

一、知识产权的私权属性决定了对生态环境利益关注的不足

从经济人的理性角度来看，人具有天生逐利的本性，都存在不负担“车费”而“搭别人便车”的心理，所以必须存在一定的制度安排，阻止人们的“搭便车”心理。以知识产品的生产为例，如果规定该资源为公共所有，或者权利归属缺位，使他人使用权利人产品的成

本很低或为零，则必然会出现“搭便车”行为的泛滥。权利归属缺位或错位的必然结果就是，创新是一件不经济的事情，全社会的知识资源总量的创造将会停滞不前。由此可见，将知识资产界定为私人所有有助于确定利益主体，提高创新的积极性。

知识产权的本质属性是私权，其在TRIPS协议的序言中以“知识产权为私权”得以宣示。知识产权的私权本质可以从以下几个方面来理解：第一，其是私人的权利。在知识产权法律关系中，其主体处于平等地位，甚至国家也与其他民事主体形成平等的关系来参与到法律关系之中。第二，其是私有的权利。此处的“私有”，指知识产权的民事权利为特定民事主体所享有，而不是一切人共享的公共权利。第三，其是私益的权利。此处的“私益”是与公益相对应的个人利益，允许“个人根据自己的意愿形成相互之间的经济关系和其他关系”，追求合法的私利。因此，知识产权制度对私人利益的关注是与生俱来的，这种私人利益主要表现为授予智力成果的创造者（或者职务发明中的单位）专有权，知识产权人可以凭借对智力成果的专有而获取财产或者人身的利益。而在几百年的知识产权的私权保护中，其保护水平越来越高，保护范围也越来越宽，知识产权的私权发展史也就是知识制度及知识产品的扩张史。[1] 基于逐利的本性，当知识产品面临既可以为权利人自身带来较高的经济效益，也可以为社会公众带来较好的生态

---

[1] ［德］米·科斯特：“私法自治及其限制”，载《中德经济法研究所年刊》，南京大学出版社1994年版，第56页。

效益时，知识产权权利人的私权的膨胀必然会损害包括生态环境保护在内的公共利益。

二、知识产权的某些特征决定了其无法充分关注生态环境保护

从另一方面来讲，知识产权的客体——知识产品又具有一定的排他使用性。“知识”本身与自然资源不同，其是一种“公共品”，即具有非稀缺性的特征，可以被人们源源不断地创造出来。然而“知识产品（资产）”却是与土地、自然资源、资本一样的稀缺性资源，即我们所讲的知识的无限性不等于知识资产（产品）供给的无限性。对一定时期内有限知识资产的争夺使得该资源的排他成为必要，于是，人们制定了对这些知识资产进行排他性保护的制度——知识产权制度，此时，对知识这种产品的商业利用权便以法律的面目出现，商业利用知识产品的权利具有了稀缺性。知识产权制度的建立，使得使用这些知识资产必须付费，从而阻止了该资产过早沦为“公共资产”的悲剧，也阻碍了众人“搭便车”的行为。当然，建立在传统物质财产之上的稀缺性的一个显著特征是其价值将在使用中不断损耗甚至消灭。而知识产品则恰恰相反，只要没有被其他更新的知识产品代替，它的使用价值仍会不断地发挥，尤其对于商标这类知识资产而言，其使用的时间越久，范围越广，就会越驰名，价值反而越高。知识资产的排他性不利于新技术的使用和推广，也决定了其无法充分关注生态环境的保护。

另外，知识产权作为一种专有权，并不具有无限的

空间效力，其也受到地域的限制，具有明显的地域性。自20世纪末开始，由于地区经济一体化与科学技术的发展，知识产权的立法呈现一体化的趋势，世界各国先后签订了许多保护知识产权的国际条约或公约，也成立了一些区域性或全球性的知识产权国际组织，这些都给知识产权的地域性特点带来重大影响。但是仔细分析可知，这些国际条约或公约并没有突破知识产权的地域性，如，《保护文学和艺术作品伯尔尼公约》（以下简称《伯尔尼公约》）与《保护工业产权巴黎公约》（以下简称《巴黎公约》）均以国民待遇和独立保护为原则，根据国民待遇原则，各缔约国之间在知识产权的国际保护上，相互以平等待遇给予对方国民，使缔约国国民享受与其本国国民同等的待遇，该原则是对知识产权地域性限制的重要补充和协调；根据独立性原则，缔约国国民就同一知识产品在不同国家取得的权利互不干涉，相互独立，在符合国际公约最低保护要求的前提下，该知识产品所有人的权利保护水平、司法救济方式等适用提供保护的相关缔约国的法律。[1] 这说明，第一，国际条约规定的对知识产权的保护，必须借助于成员国的国内法予以实施；第二，任何一个国家对其他缔约国国民的知识产权保护都是完全独立的。由此可见，知识产权依然无法摆脱地域性的束缚，且这种束缚会给生态环境的保护带来一些消极的影响。

---

[1] 吴汉东：《知识产权基本问题研究》，中国人民大学出版社2004年版，第25页。

三、知识产权客体的垄断性决定了其在生态环境保护进程中的低效率

知识产权是国家依照相关法律设定的，为了鼓励创新，知识产权制度本着以“公开换垄断”的理念，赋予知识产权人在一定时间和地域内排除他人使用智力成果的权利，便将智力成果的垄断性授予知识产权人，且不受反垄断法的制约。知识产权的垄断性主要包括两个方面：第一，同一项知识产品，不允许有两个或多个同一属性的知识产权并存，否则便会产生知识产权的权利冲突；其二，知识产品的财产权为权利人所独占，权利人垄断这种专有权利并受到法律严格保护，没有法律的规定或者未经权利人许可，其他任何人不得使用权利人的知识产品。

然而西方经济学认为，垄断厂商在追求自身利润最大化的同时，会造成市场效率的下降，甚至会造成社会福利的净损失。图 2-3 就说明了知识产品的垄断性所造成的市场效率的下降。在该图中，横轴 OQ 代表产品产量，纵轴 OP 代表价格水平，曲线 MR 和 D 分别为该知识产品提供者——知识产权人的边际收益曲线和需求曲线。另外，为了分析的方便，假定边际成本（MC）和平均成本（AC）相等且保持固定不变，它们由图中的 AC = MC 水平直线表示。知识产权人的利润最大化原则是边际收益等于边际成本（NR = MC），因此，知识产权人的利润最大化产量为 Q_m，在该产量水平下，知识产权人收取的垄断价格为 P_m。但是如果该市场结构为完全竞争市场，则从图中可以看出，完全竞争市场的

均衡产量水平为 OQ_1，价格为 OP_1。由此可见，垄断条件下的产量水平 Q_m 小于完全竞争条件下的产量 OQ_1，而均衡价格 P_m 也高于完全竞争条件下的产量 OP_1[1]，因此存在知识产品这一资源的浪费。其中，资源浪费在现实生活中的重要表现之一就是：知识产品由于垄断而产生的高价格扰乱了市场信号，对知识产品这一资源的有效配置（指有部分知识产品可以配置在生态环境保护方面）造成了误导。

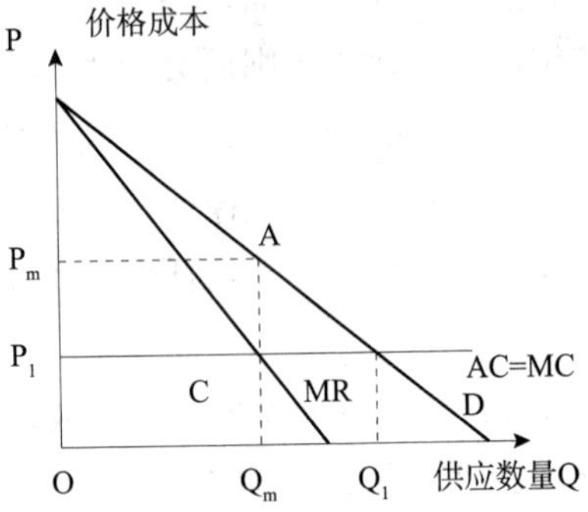

图 2－3　知识产品垄断性造成生态价值实现的低效率

同时，由于完全垄断市场上产量的减少及垄断利润的存在，消费者承担了较高的价格，所以消费者剩

[1] 完全竞争条件下，平均收益与边际收益相等，所以图 2－3 中 D 曲线表示完全竞争市场条件下的厂商面对的市场需求曲线；而在完全垄断条件下，边际收益总小于平均收益，平均收益与产品价格相等，因此，图 2－3 中 D 曲线可以表示完全垄断厂商面对的市场需求曲线，却不能表示该厂商的边际收益曲线。参见赵春青、张永恒主编：《西方经济学》，中国轻工业出版社 2013 年版，第 127 页。

余[1]减少。在完全竞争市场上，消费者剩余为三角形 PP_1B 面积所代表的价值。而在知识产品完全垄断的条件下，消费者剩余只剩下了三角形 PP_mA 面积所代表的价值，减少了 P_mP_1BA 四边形面积所代表的价值。其中，P_mP_1CA 面积为厂商所获得的垄断收益，被知识产权人所获取。而三角形 ACB 的面积为社会的福利损失，知识产权人和社会公众均未获得，这部分价值的损失完全是由知识产品垄断性的产量限制造成的。

没有知识产权制度规定的合法垄断，就不会有足够的知识产品产生和被创造出来；而有了合法的垄断，又会阻止很多人使用该知识产品。对于知识产权制度对生态环境保护的影响来说，知识产权制度的垄断性鼓励了更多的有益于生态环境保护的智力成果被创造出来，但是也阻碍了更多人运用知识产品来治理生态环境的步伐；这样的结果，不仅是知识产权成果使用人的损失，也会给整个社会的生态环境保护造成无谓的损失。

四、知识产权发展的不平衡性决定了其在生态环境保护方面的作用捉襟见肘

环保类的知识产权不仅是经济与社会问题，也是各个国家为了自身国家利益进行博弈的焦点问题。如，每一届气候峰会的一个焦点问题就是：绿色专利技术、减

---

[1] 消费者剩余是指消费者在市场上购买商品所愿意支付的价格与实际价格的差额，消费者剩余也称为净效用或效用剩余，这一概念是19世纪末20世纪初英国经济学家A. 马歇尔提出来的。参见赵春青、张永恒主编：《西方经济学》，中国轻工业出版社2013年版，第53页。

排技术是由发达国家垄断，还是应该提供给众多发展中国家共享。在2009年的哥本哈根气候峰会上，气候专家估计到2020年开始，发展中国家每年所需要的减排技术将高达1000亿欧元，它们希望欧美发达国家提供大量援助，以帮助它们购买到各种昂贵的零排放环保技术。但是，大卫·E. 马丁和他的工作团队在收集和比较这些节能专利的过程中发现，大约有1/3的节能技术专利其实都是20世纪70年代石油危机时期技术的翻版而已，缺乏新颖性和创造性，这些专利技术原本是应该公开且免费共享的。其实，在2008年6月，中国与“77国集团”（世界上最不发达国家组成的组织）就要求将气候友好型的环保技术排除在专利技术之外；但是，欧美的发达国家激烈反对该提议，认为为了促进技术创新和激励私营部门投资，有必要加强对知识产权专利的保护。[1]

此外，在现行的国际知识产权制度安排下，遗传资源的材料不是可专利性的必要条件，新颖性、独创性和实用性才是获得专利保护的要件。世界上80%以上的生物资源掌握在发展中国家，但是其生物专利技术十分落后，由于“国家主权”制度的缺失，发展中国家在生物经济时代无法得到应有的利益；而发达国家虽然拥有少量的生物遗传资源，但是依靠95%以上的生物专利技术，借助不公平的国际知识产权规则，获得了更多的由此而产生的生态环境利益。

---

[1] 小树：“气候谈判专利之争：穷国为共享绿色专利而战”，载网易探索，2009年11月7日。

第三节 知识产权制度对生态环境保护效应不确定性的法经济学分析

知识产权制度对生态环境保护既有正向效应，也有负面影响。知识产权制度的生态效应具有不确定性，它是指知识产权的客体——知识产品对生态环境效应的不确定性，即某一科学技术在保护生态环境的过程中，也产生了破坏生态环境的结果。例如，太阳能是一种清洁的能源，环保人士也对该能源青睐有加，然而事实证明其也有不足之处，如，世界上最大的太阳能发电站——伊万帕太阳能发电站产生的电力可供 14 万家庭使用，且采用了不同于传统太阳能发电的新技术，大大降低了当地使用化石燃料的数量；但是，该项技术使得电站附近塔楼的温度达到 538℃，使途经该地的鸟儿均被烧焦，以致该电站被当地的环保组织调侃为“22 亿美元的烤鸟太阳能工程”[1]。目前，美国联邦和州的监管机构正对该发电站对鸟类生存的影响展开研究。许多环保组织质疑，如果当地的野生动物为此受到伤害甚至死亡，那么我们又该如何评价这种清洁能源的价值？而当

[1] 伊万帕距拉斯维加斯西南方 45 公里，这里常年有充足的阳光，该发电站是由 NRG 能源公司、谷歌公司和 Bright Source 能源公司合作经营的。该发电站采用 30 多万面由电脑控制的镜子（每面大概有车库门那么大）把太阳光反射到 450 英尺高的塔顶的锅炉。太阳能给锅炉管道里的水加热，产生的水蒸气带动涡轮发电。镜子所反射的太阳光能使塔周围的温度达到 538℃，途经这里的鸟儿都被烧焦。2013 年 Bright Source 能源公司的文件表明，在测试阶段的几个月里，发电站有一些鸟儿的尸体。联邦的生物学家发现，这些死鸟都有被烧焦的羽毛。这些死鸟包括 2 只老鹰、4 只夜鹰、1 只�鹕、1 只游隼和几只麻雀。参见“世界最大太阳能电厂成巨额‘烤鸟工程’”，载 http：//news. 163. com/14/0222/08/9LM52DTU0001121M. html。

地的能源委员会则认为，该发电站会给当地环境造成重大影响，但是利大于弊。伊万帕太阳能发电站的案例告诉我们，人类在追求清洁能源的同时，也会不可避免地产生副作用。

科学技术对生态环境影响的不确定性，是由知识产权制度本身所孕育的风险决定的。知识产权制度的风险具有“人为的不确定性”，即该风险是由现代性的推进所引发，最终造成了对生态环境的威胁。知识产权制度是由保护和激励创新知识的一系列法律制度所构成，但也有现实和潜在的制度风险，其或是该制度所保护的科技文明本身所带来的风险。

知识产权制度对生态环境保护的风险主要来源于知识产权客体的技术性风险。马克斯·韦伯曾形象地指出，在不久的将来，人类注定会生活在“技术知识的囚室”[1]。在知识产权制度制定与修改的过程之中，立法者们总希望通过该制度的完善来推动科学技术的进步。现代知识产权制度所保护的最新技术，如基因技术等，是现代社会中最具影响力的科学技术，从“反思的现代化”出发，风险是与信任相辅相成的，对知识产权制度所保护的先进技术仅有信任是远远不够的。它们在造福人类社会的同时，也加大了人类危害自身的可能性。如，在基因专利领域，对动植物基因及人类基因技术的开发与研究，对基因食物和药物的大规模开发与利用，都会导致我们人类生存环境的变化，这种变

[1] ［德］贝克、［英］吉登斯、［英］拉什：《自反性现代化》，赵文书译，商务印书馆2001年版，第74页。

化既对生态环境有改善和进步，也孕育着对生态环境的负面效应。

知识产权制度对生态环境保护的风险还来自知识产权保护的地域性与全球性冲突的风险。当今全球都存在环境污染、生态系统遭遇破坏等生态环境问题，而这些危机已对人类生存构成了新威胁。知识产权具有鲜明的地域性特征，但是知识产权制度也实现了国际化（一体化），并进而形成了知识产权保护的国际规则普适性。地域性与国际性之间的冲突也会引起对生态环境保护影响的风险不确定性。如，这种冲突最终将导致发达国家与发展中国家在诸如与遗传资源和生物多样性相关的知识产权利益上的失衡。因为目前的国际知识产权制度明显是向发达国家倾斜，发达国家与此相关的智力成果被私人企业或公司紧紧掌握，而广大发展中国家与此相关的智力成果却被搁置于公共领域。因此，当今的国际知识产权制度在具有保护全球生态环境的正向作用的同时，也对全球生态环境的保护存在潜在或现实的负面因素。

科学技术的负面性与风险的不确定性，说明知识产权与环境权既存在冲突，也可以实现有机融合，知识产品本身并不是人与自然相对立的产物。知识产品引起环境问题的根源在于：人类在创新出知识产品后，利用知识产品（包括科技成果）无节制地向大自然消耗和索取资源，并进而引起生态环境问题。现实促使我们对知识产权制度要进行深入的反思，基于知识产权制度本身的稳定性与因此而产生的生态风险的不确定性相互背离，我们可以总结出，现行的知识产权制度存在先天的缺陷和潜在的危机。[1] 知识产权制度的改革和完善，基本的思路应是知识产权制度的生态化，即在当前的知识产权制度改造过程中，既要遏制环境污染型知识产品的产生和应用，使知识产权的私权行使不会损害生态环境等公共利益；也要引导环境友好型知识产品的创造和应用，激励环保科技的创新；最终实现知识产权制度的工具理性与价值理性的统一，这里的价值理性，应该包括知识产权创造与利用中各方利益的平衡与协调，促使生态环境保护这一公共利益的实现。

第四节　知识产权制度与生态环境保护的相互关系

在知识产权全球化的趋势下必然会出现知识产权保护的不平衡，这是因为全球化的趋势是建立在发达国家与其经济、科技和文化发展相适应的保护水平之上，而不是建立在相对较低的发展中国家所要求的保护水平之上的。知识产权保护与国家发展水平呈正相关的关系，即国家发展水平越高，其对知识产权的社会需求量就越大，反之亦然。

一、我国的环境库兹涅茨曲线

20 世纪 50 年代，诺贝尔经济学奖获得者库兹涅茨经过研究发现，随着经济的增长，人均收入分配不均的现象呈现“倒 U”型曲线关系，即先升后降。此即在经济还没有充分发展的阶段，居民收入分配倾向于不平

---

[1] 吴汉东：“知识产权的制度风险与法律控制”，载《法学研究》2012 年第 4 期，第 64 页。

均；然后，要经历一段暂时没有大变动的时期；等到了经济发达的阶段，居民收入分配逐渐趋于平均。这就是经济学上的库兹涅茨假说。

20 世纪 90 年代，经济学家克鲁格和格鲁斯曼对全球 40 多个国家的经济增长和主要污染排放量之间的数据进行了统计，发现社会生态环境污染和社会生活水平之间也符合以上曲线“倒 U”型形状。总体来说，在社会生活水平的不同阶段，人们面对的生态环境压力是不同的，这种现象被称为环境库兹涅茨曲线。第一阶段，即当一个国家或地区经济发展水平较低时，或者工业化刚开始时，生态环境污染的压力较小；第二阶段，随着经济的增长和人均收入的增加，整个社会开始消耗大量的自然资源并排放更多的污染物，生态环境污染的趋势由低趋高，以致随着经济的增长而出现环境加速恶化的问题；第三阶段，当经济发展到一定水平后，随着人均收入水平的再次提高，以及人们对环境保护和环境治理意识的提高，环境污染在某个时间段达到“拐点”或者临界点后，生态环境的污染趋势有所好转，开始由高趋低，人们面临的生态环境压力逐渐减缓，环境质量逐渐得到改善。

环境库兹涅茨曲线如果用图形进行分析，具体如图 2 –4 – A 所示：在社会生活水平很低的阶段，社会污染水平较低；但随着人们生活水平的提高，社会污染水平由低趋高，人们所承受的生态环境压力逐渐增加；但当人均生活水平达到 a 点后，随着生活水平的提高，人们逐步重视并加大对环境污染的治理，生态环境质量逐渐得到改善，其中，a 点就被称为与人们生活水平相对应的污染水平降低的拐点。

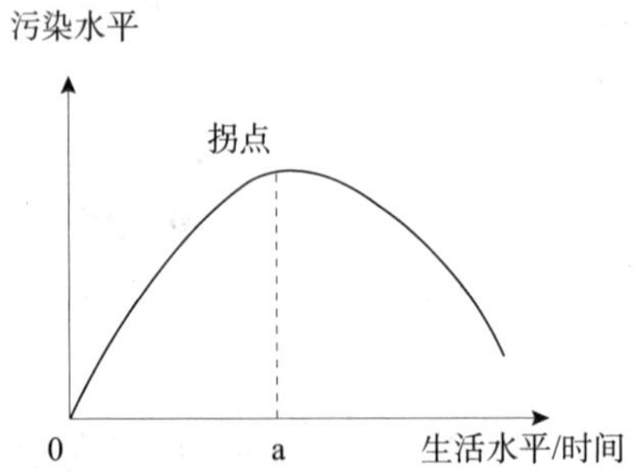

图 2-4-A　环境库兹涅茨曲线

根据大量的统计数据和现实中面临的严重生态环境危机，结合环境库兹涅茨曲线运动轨迹可知，当前中国的环境污染还处在曲线的上升阶段，我们所期盼的环境库兹涅茨曲线的“拐点”和临界点远未到来，生态环境整体恶化的趋势尚未改变，我们治理环境污染的压力和任务仍然十分艰巨。

当然，许多学者认为环境库兹涅茨曲线也不是一个普遍的规律。因为从理论上讲，该曲线只考虑了生态环境污染与经济发展水平之间的关系，没有考虑科技进步、环境极限、污染转移等其他因素。从实证角度分析，并非所有污染物的污染水平都遵循这种“倒 U”型曲线的趋势，尤其是新确定的一些污染物，如光污染、噪音污染等，则有可能是线性趋势，即随着经济的发展，该种环境污染更严重。另外，如果考虑环境阈值因素，即某些生态脆弱地区的环境退化是不可逆转的，在还没有到达所谓环境质量改善的“拐点”或临界点的时候，生态环境就已经崩溃了，那么整个社会的经济、生态的持续发展将是不可能的。[1]

二、我国知识产权发展中的库兹涅茨曲线

与此同时，美国经济学教授 Keith E. Maskus 通过研究发现，经济发展与知识产权之间存在与环境库兹涅茨相反的“U”型曲线，如图 2-4-B 所示。其具体内容为：某个国家的专利强度与经济总量无关，而是与实际人均国民收入相关。在人均国民收入达到拐点前，专利保护的强度在逐渐减弱；而在人均国民收入达到中等发达水平后，知识产权的保护逐渐加强，且收入水平增长越快的国家，保护强度增加得也越快。经济学家经过测算得出，专利保护水平最低时的人均国民收入水平接近 1985 年的 2000 美元（按照购买力平价计算）。[2] 其原因是：最不发达国家科学技术水平落后，缺乏创新能力，知识产权的保护当然就很落后；当人均国民收入水平和科学技术达到中等水平以后，国家的知识产权保护政策倾向于弱保护，但是仍然关注科技的扩散；当人均国民收入和科学技术达到发达国家水平后，知识产权的保护才能得到真正的重视。

对于发展中国家来说，经济增长率与知识产权保护之间呈“倒 U”型关系，知识产权保护与经济增长之间有一个“拐点”或临界值，当知识产权保护水平低于这个“拐点”时，其保护水平的提高能够促进经济的

---

[1] 刘立灿：“中国的环境库兹涅茨曲线问题”，载《新闻晚报》2013 年 5 月 25 日。

[2] Keith E. Maskus, “Intellectual Property Rights and Economic Development”, Western Reserve Journal of International Law, 32 Case W. Res. J. Int'l L. 471, at 478.

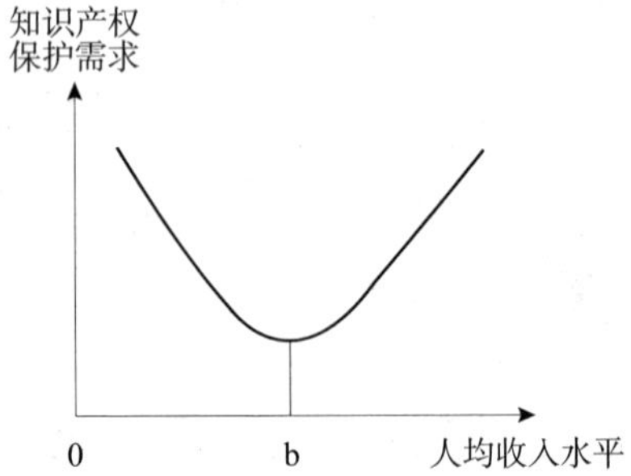

图 2-4-B 人均收入水平与知识产权保护强度之间的关系

发展；但当知识产权保护水平高于这个“拐点”时，其保护水平的提高反而会降低稳定状态时的经济增长率。[1]

国际上衡量某个国家知识产权保护水平采用的是 GP 指数，它是由 Ginarte 和 Park 提出来的，具体衡量内容包括：（1）专利覆盖范围；（2）是否为国际知识产权协议的成员国；（3）权利丧失的救济；（4）有关知识产权执法措施；（5）专利的保护期限。根据 Ginarte 和 Park 分析的 1960~2005 年的 110 多个国家的知识产权 GP 指数来看，我国在 1960~1990 年的平均水平为 1.33，在研究样本中排名第 92 位；在 2005 年的时候，我国知识产权 GP 指标上升为 4.08，上升到样本的第 33 位；从 2011 年开始，我国已经成为世界专利申请量第一大国，自 2006 年至 2013 年，我国累计授予的三大专

[1] 柒江艺：“开放经济条件下的我国知识产权保护与经济增长研究”，湖南大学 2011 年博士学位论文，第 46 页。

利权（发明、实用新型和外观设计）为595.7万件，年均增长25.5%。这些都表明，我国知识产权保护水平确实得到了极大的提高，在世界范围内知识产权发展的成绩也是有目共睹的。然而以上很多数据仅为数据上的光鲜，在专利申请和保护的质量方面却存在短板。如，在三大类专利授权中，最能体现创新能力的是发明专利，但我国该类专利的申请和授权数量仅占专利总数的6%左右，如，2013年浙江全省专利授权量高居全国第2位，授权总量达20.23万件，但发明专利授权量只有1.11万件，仅占6%左右；从专利纠纷角度来看，我国知识产权保护水平较高的广东的数据具有一定的说服力，自2010年至2013年，广东省高院共收到专利二审案件1867件，其中，发明专利案件仅占6.47%，其余均为实用新型和外观设计专利案件，这样的比例分布与三种专利的授权量是吻合的。总体来看，现阶段我国的专利申请仍处在较低水平，市场价值和技术含量高的专利少，在核心领域和关键产业中的专利占有率低。

结合以上的知识产权保护数据可以看出，在我国对知识产权进行保护的初期，根据我国的经济发展情况，考虑到我国与发达国家的技术差距较大，我国GERD（研究和发展总支出）/GDP（国内生产总值）的比例较低，此时适用高标准的知识产权保护不利于我国科学技术的创新，无法有效限制跨国公司的技术垄断，会加重行政执法和司法的成本，无法形成公平竞争的市场环境，总体上不利于我国经济的增长。而到了21世纪至今，我国的国民经济总量和人均国民收入不断增加，每年的国内专利申请屡创新高，此时我国可以适当提高知识产权的保护水平。但总体来说，当前我国的人均生活水平仍处于世界中下水平，客观来讲，我国目前的知识产权水平已经达到了TRIPS协议的最低保护标准，我国的知识产权保护水平已经远离最低点，处于缓慢上升阶段，但是仍不宜采用“超标准”的知识产权保护水平。

三、知识产权制度与生态环境保护之间的关系

事实上，环境库兹涅茨曲线所描述的“拐点”或临界点是不会自动到来的，即我们所期盼的这个过程——在经济增长到一定阶段后，环境质量会随着经济增长而改善的发生，也是需要一些必要条件的。另外，也有很多实证表明，环境污染与经济增长有时不是简单的“倒U”型结构，即环境质量会在经济发展到一定阶段后改善，但也存在随着经济增长再次恶化的倾向。这些都说明，生态环境问题的解决不能仅仅依靠经济增长本身，我们要强烈反对经济发展会带来环境质量改善的理论，我们应该清醒地认识到，经济增长并不是环境改善的充分条件，甚至都不能算作必要条件，我们更不能坐等环境质量改善的“拐点”或临界点出现，而是要采取更多的积极行动，其中新技术的发展和应用可以解决很多环境问题，而这些技术的发展和应用离不开知识产权制度的完善；此外，还需要更好的环境政策，包括更好、更有效、更严格的含有生态化倾向的知识产权法律，以及标准和政策等的有力执行。

知识产权制度所保护和推动的现代科学技术及科技文明对人类抵御自然灾害起着至关重要的作用，但是，

其制度本身的完善及科学技术的发展本身就是一柄“双刃剑”。有人认为，当代人类面临的生态环境危机恰恰就是近现代科学技术的发展所产生的负面影响。因此，有学者不赞成一些科学家所宣称的“在科学进一步发达后，现在的灾害都可以防止”的观点，认为“要通过科学的进一步发展来消除公害和由人类行为引起的灾害，这恐怕是过于相信科学的力量了。这样做反倒会使人们偏离变革人类伦理这一现代最紧迫的根本课题”[1]。

四、我国改善生态环境所面临的知识产权制度方面的隐忧

我国当前要改善生态环境，就需要转变经济增长模式，实行节能减排。在此方面，低碳经济、生态环境保护、绿色技术等被认为是未来世界经济发展的重要增长点，并能为经济发展方式、能源消费方式、人类生活方式带来深刻变革，与此同时，知识产权的作用被大大强化。对于中国来说，大力发展低碳经济并非坦途，并不是很多人理解的多拆除或关停几个污染矿山和耗能企业那样，而是要以科技创新的思路，达到节能减排的目的。就与改善生态环境有关的科技创新的重要知识产权指标——专利申请与应用来看，近几年我国与低碳经济有关的申请量稳步增长，呈现快速上涨的趋势，如，2004 年该领域的专利申请量不到 1000 件，2006 年则超过 3000 件，2008 年超过 6000 件。然而与发达国家相

[1] ［日］池田大作、［英］汤因比：《展望 21 世纪——汤因比与池田大作对话录》，荀春生等译，国际文化出版公司 1999 年版，第 37 页。

比，我国在此领域还存在以下隐忧：第一，从整体数量上看，我国低碳领域的专利申请量仍然较少；第二，申请低碳领域的专利的单位多为科研院所和高校，而发展低碳经济的主力军——企业则申请很少，特别是一些研发能力强、有实力和潜力实施低碳经济的大企业申请很少；第三，该领域的专利向国外申请的少；第四，我国申请的涉及发展低碳经济核心技术的专利少[1]；第五，我国对知识产权的保护水平与发达国家仍有差距。社会公众对知识产权法律的“忠诚度”不足，相关部门打击知识产权侵权走过场，缺乏知识产权保护的长效机制。在市场经济体制下，我们还是应该坚持“经济利益至上”原则，主要任务就是保护知识产权人的利益，鼓励知识产品的创新与发展，促进知识成果的市场化。

本书通过以上知识产权制度对生态环境保护的正负效应的法经济学分析发现，对于生态环境的保护而言，知识产权制度更像一把“双刃剑”。因此，我们既不能过度指责知识产权制度对生态环境的副作用，更不能用“罪魁祸首”来形容其负效应；也不能过于拔高知识产权制度对生态环境保护的正作用，更不能用“灵丹妙药”来推崇其正效应。对于知识产权制度对生态环境保护的影响，我们既不能被其理论的创新一时冲昏头脑，从而对知识产权制度抱有过高的期望；也不能对其理论的创新漠不关心。同时，我们也应该看到，知识产权制度还是对知识资源进行“市场配置”的最佳制度，它不但能够激励创新，还起到利益分配的作用，知识产权制度担

[1] 田力普：“中国还不能算是专利强国”，载国家知识产权局网站 2010 年 6 月 8 日。

负着实现在一般的社会公众利益基础之上的更广泛的社会公共利益的重任，具有重要的公共价值目标。人类活动与自然界之间的关系，促使我们开始重视知识产权制度这一无污染、可持续发展的资源利用和配置手段。将人类与自然的关系置于比社会关系更重要的位置，不但有利于我们理解知识产权制度的形成和特色，而且对洞悉知识产权制度的精神和发展趋势大有裨益。知识产权制度生态化的趋势，既有一定的历史渊源，也是现实压力使然。当前，我们一定要冷静下来，认真考虑知识产权制度生态化的未来，认真权衡知识产权制度在生态环境保护方面的作用。

第三章

知识产权制度生态化的路径依赖与创新

新制度经济学认为，制度变迁是指一种更有效的制度的生产过程或者用一种效率更高的制度取代原有制度，是制度供求主体增加制度供给量，获得潜在收益，并解决制度短缺的行为。从制度变迁的方式来看，制度变迁可分为诱致性制度变迁和强制性制度变迁。诱致性制度变迁指的是在获利机会的自发倡导下，一群人（或一个人）自发组织起来而对现行制度安排的替代、变更或创新，该种制度变迁方式具有不规范性、局部性、自发性、制度化水平低等特点，是一种“自下而上”的制度变迁方式；而强制性制度变迁是指在制度安排的替代和变更过程中，由政府充当决策人，政府以法律或行政命令的形式实行和引入，是一种“自上而下”的制度变迁方式，具有规范性、强制性、制度化水平高等特点。两者比较而言，由国家牵头进行的强制性制度变迁并不是由获利机会简单促成的，可以快速地通过国家的强制力在短期内完成该类制度的创新，并可以大幅降低制度变迁的成本。[1]

在生态危机频发的今天，环境问题已成为制约人类发展的重要因素，节约资源与保护生态环境不仅仅需要资源与环境保护方面法律制度的规制，也需要其他法律部门的配合。我们要从资源节约、环境保护的理念出发，更新、改造现有的各部门法，使其他部门法朝着有利于生态环境保护的方向完善，实现其他部门法理念和具体制度的生态化变迁。生态危机产生的原因众多，其中较为重要的原因之一就是技术原因，随着科学技术创新范围的扩大、速度的加快，知识产权制度也逐渐增加了其保护的客体，但是这些技术本身并不都是能促进生态环境保护的，有些甚至加重了生态环境污染。

解铃还须系铃人，既然以往的技术创新对资源造成了螺旋式上升的损耗，给生态环境造成了巨大的压力，那么人类也可以创新出改善资源和降低环境压力的新技术。现在我们已经竞相利用风、太阳、潮汐的能量，开发地下蕴藏的地热资源，推出新的植物品种以遏制自然灾害。在此过程中，知识产权制度责无旁贷，应通过对知识产权制度的修改和完善来促进生态技术创新。为此，世界各国及国际组织进行了一系列的知识产权制度

---

[1] 钱弘道：《经济分析法学》，法律出版社2003年版，第127页。

生态化改造。如，世界知识产权组织（WIPO）总干事弗朗西斯·高锐在2009年的世界知识产权日指出：“WIPO将重点宣传建立一套平衡的知识产权制度，以帮助创造、利用和传播清洁能源技术；以利于推广绿色设计，旨在确保所创造的产品在整个生命周期都无害于生态；有助于创建绿色品牌，帮助消费者做出知情选择，并让企业拥有竞争优势。”❶ 而知识产权制度的生态化无疑是平衡技术创新者、技术应用者、消费者利益的最好的路径选择。

第一节　知识产权制度生态化的路径依赖

知识产权制度生态化的变迁路径并不是一蹴而就的，而是一种渐进式的制度变革。整个国际知识产权制度对生态环境的关注，也是经历了漫长时间的变迁。在知识产权制度完善的初期，坚持“经济利益至上”的原则，主要的任务就是保护知识产权人的利益，激励知识产品的生产，促进智力成果的市场化，整个知识产权制度的利益平衡机制向知识产权人的私人利益保护倾斜。而随着科学技术的迅猛发展，某些科学技术的应用对生态环境产生了负面影响。因此，不加选择的科技创新和应用会给自然资源造成巨大的浪费，并伴随着严重的环境污染、对生物多样性系统的破坏。这种状况的出现对知识产权制度的利益平衡机制提出了新的需求，生态环境保护这一社会公共利益无疑在原有利益平衡的天

---

❶ 弗朗西斯·高锐：“WIPO总干事2009年世界知识产权日致辞”，载世界知识产权组织网站。

平上增加了新的“砝码”。“现代立法其实质是一个利益识别、利益选择、利益整合及利益表达的交涉过程，在这一过程中立法者旨在追求利益平衡。”❶ 在面临知识产权人个人利益与生态环境的公共利益之间的矛盾冲突与要解决的棘手问题时，知识产权制度的生态化无疑是最有效的手段。

生态环境的日益恶化已经给人类的生存和发展带来了严重的威胁，我们亟须建立一套能维护生态环境保护的新知识产权规则体系，以平衡个人、社会公众、国家等不同主体间的利益关系，克服当前知识产权制度在生态环境保护这一公共利益上的缺陷。因此，知识产权制度生态化的实质是限制知识产权的私权属性。原有的知识产权制度主要追求经济利益的实现，忽视了对生态价值的社会利益的追求，已经不适应可持续发展的社会需要。知识产权制度生态化的进程，实际上就是不断增强其保护生态环境公共利益的功能，削弱知识产权制度对私人利益的过度保护，最终削减现代知识产权扩张对生态环境保护的负效应，促进知识产权保护与生态环境好转的终极目标。

最近几年来，随着对知识产权制度生态化趋势的认识的不断加深，我国也对相关的法律进行了一定的修改。这主要通过两种路径来达成：一是对环境保护方面的法律进行了一定的修改，增加了技术的研究、开发、产业化要注重生态化的要求，并对技术创新过程中的知

❶ 张斌：“论现代立法中的利益平衡机制”，载《清华大学学报（哲学社会科学版）》2005 年第 2 期。第 68 页。

识产权进行了限制或者补充，配合了知识产权制度生态化的改造；二是对知识产权制度进行了一定的修改，在知识产权法律制度中纳入生态环境价值并进行制度安排，增加了知识创新过程中的生态环境保护要求。具体修改和完善主要有以下内容：

（1）2014 年 4 月 24 日修改通过的新《中华人民共和国环境保护法》（以下简称《环境保护法》），涉及了很多与知识产权制度相关的内容。如：①第 4 条第 2 款[1]和第 7 条表明了国家在制定技术政策过程中要保护和改善生态环境，使经济社会发展与环境保护相协调的总体思路，并且国家要支持环境保护的科技研究、应用和开发，提高环境保护科技水平，这些都与我国知识产权制度的生态化趋势紧密相关。②第 6 条第 4 款[2]和第 9 条规定了公民应增强环境保护意识，各级政府、社会组织、环境保护志愿者、教育行政部门及学校、新闻媒体要宣传和普及环境保护知识，这与我国的著作权制度紧密相关，也有助于我国著作权制度的生态化改造和修

[1] 我国《环境保护法》第 4 条第 2 款规定：“国家采取有利于节约和循环利用资源、保护和改善环境、促进人与自然和谐的经济、技术政策和措施，使经济社会发展与环境保护相协调。”第 7 条规定：“国家支持环境保护科学技术研究、开发和应用，鼓励环境保护产业发展，促进环境保护信息化建设，提高环境保护科学技术水平。”

[2] 我国《环境保护法》第 6 条第 4 款规定：“公民应当增强环境保护意识，采取低碳、节俭的生活方式，自觉履行环境保护义务。”第 9 条规定：“各级人民政府应当加强环境保护宣传和普及工作，鼓励基层群众性自治组织、社会组织、环境保护志愿者开展环境保护法律法规和环境保护知识的宣传，营造保护环境的良好风气。教育行政部门、学校应当将环境保护知识纳入学校教育内容，培养学生的环境保护意识。新闻媒体应当开展环境保护法律法规和环境保护知识的宣传，对环境违法行为进行舆论监督。”

改。③第30条[1]规定了要合理利用开发自然资源，引进外来物种以及研究、开发和利用生物技术，都要着眼于生物多样性的保护。这与我国的遗传资源知识产权保护、植物新品种权保护的生态化趋势紧密相关，有助于我国相关知识产权制度的生态化改造和完善。④第36条[2]规定了国家鼓励使用有利于生态环境保护的产品和再生产品，政府采购应优先选择节能、节水、节材的产品和设备。这为企业的发明创造、实用新型和外观设计等创新提供了经济上的指导和参考意见，有利于我国专利法律制度生态化的改造和完善。⑤第40条[3]规定了企业应采用“绿色工艺”“绿色设备”“绿色技术”的责任，这契合了专利制度的生态化趋势，为众多发明人的创新活动指明了研究和改进方向。⑥第46条[4]规定了严重污染环境的设备和工艺强制淘汰制度，任何单位和个人不得销售和转移严重污染环境的工艺、设备和产品。

---

[1] 我国《环境保护法》第30条规定：“开发利用自然资源，应当合理开发，保护生物多样性，保障生态安全，依法制定有关生态保护和恢复治理方案并予以实施。引进外来物种以及研究、开发和利用生物技术，应当采取措施，防止对生物多样性的破坏。”

[2] 我国《环境保护法》第36条规定：“国家鼓励和引导公民、法人和其他组织使用有利于保护环境的产品和再生产品，减少废弃物的产生。国家机关和使用财政资金的其他组织应当优先采购和使用节能、节水、节材等有利于保护环境的产品、设备和设施。”

[3] 我国《环境保护法》第40条第3款规定：“企业应当优先使用清洁能源，采用资源利用率高、污染物排放量少的工艺、设备以及废弃物综合利用技术和污染物无害化处理技术，减少污染物的产生。”

[4] 我国《环境保护法》第46条规定：“国家对严重污染环境的工艺、设备和产品实行淘汰制度。任何单位和个人不得生产、销售或者转移、使用严重污染环境的工艺、设备和产品。禁止引进不符合我国环境保护规定的技术、设备、材料和产品。”

这与知识产权贸易过程中的生态环境保护原则相符，有利于杜绝知识产权贸易导致的环境污染转移现象，与相关国际知识产权制度的生态化趋势紧密相关。

（2）2012 年新修订的《中华人民共和国清洁生产促进法》（以下简称《清洁生产促进法》），更是着眼于清洁生产技术对生态环境的促进作用，对知识产权制度的生态化有了新的回应。如，第 5 条[1]规定了相关部门在清洁生产促进工作中的责任，其中专利管理部门就是科学技术部门，其在促进清洁生产过程中的职责履行离不开相关知识产权政策的调整、法律法规的完善、专利具体项目如强制许可制度等的实施。与此相关的第 10 条也规定了国务院应制定有利于实施清洁生产的产业政策、技术开发政策和推广政策，由此可以看出，专利管理部门实施有利于清洁生产的专利开发与推广政策责无旁贷。

（3）2013 年修订的《中华人民共和国商标法》（以下简称《商标法》）第 10 条规定，有害于社会主义道德风尚或者有其他不良影响的，不得申请为注册商标。我们可以对此做扩大解释，如，设计的商标使人们对生态环境保护产生不利影响的应该属于此限，不得授予商标权。另外，该法还规定了地理标志的内容[2]，地

---

[1] 我国《清洁生产促进法》第 5 条第 1 款规定："国务院清洁生产综合协调部门负责组织、协调全国的清洁生产促进工作。国务院环境保护、工业、科学技术、财政部门和其他有关部门，按照各自的职责，负责有关的清洁生产促进工作。"

[2] 我国《商标法》第 16 条第 2 款规定："前款所称地理标志，是指标示某商品来源于某地区，该商品的特定质量、信誉或者其他特征，主要由该地区的自然因素或者人文因素所决定的标志。"

理标志可以申请为集体商标或者证明商标，它是指商品来源于特定地区，且该商品的特定质量、信誉和特征由该地区的自然因素和人文因素决定的标志。一般来说，我国地理标志大多数为农产品，而农产品要想获得地理标志的认证，产地的生态环境保护至关重要，将地理标志作为集体商标或证明商标列入商标法调整的范畴，可以更好地发挥知识产权制度保护生态环境的功能。

（4）2008 年修改的《中华人民共和国专利法》（以下简称《专利法》），增加了遗传资源在专利授予中的保护内容。由于遗传资源的保护对生物多样性和生态环境保护的意义重大，新的《专利法》在第 5 条第 2 款增加了“对违反法律、行政法规的规定获取或者利用遗传资源，并依赖该遗传资源完成的发明创造，不授予专利权”的内容，并随后在 2010 年的《专利审查指南》中做出了明确的规定。

（5）我国有关植物新品种权保护的法律法规中，有生态环境保护的考虑。如，我国农业部制定的《中华人民共和国植物新品种保护条例实施细则（农业部分）》（以下简称《植物新品种保护条例实施细则（农业部分）》）第 4 条[1]就有相关规定，这反映了我国希望通过植物新品种权这一知识产权制度更好地促进有利于生态环境保护的植物新品种研究，体现了我国针对植物新品种权这一新型的知识产权保护要注重生态环境效益的期望。

---

[1] 我国《植物新品种保护条例实施细则（农业部分）》第 4 条规定：“对危害公共利益、生态环境的植物新品种不授予品种权。”

第二节　知识产权制度生态化的路径创新

知识产权制度生态化是否有效率，判断的标准应是在实现社会生态环境整体利益最大化的同时，是否使知识产权人的个人利益损失减少到最小程度。对私权属性的知识产权与公权属性的生态环境生存及发展权的协调和平衡，意味着当知识产权的行使损害到环境人权[1]时，知识产权应当服从处于更高位阶的环境人权，对自身财产权利的行使要进行一定的限制。

知识产权制度生态化的路径创新应以生态化的理念重新调整人与人、个人与社会之间的关系，以可持续发展为出发点，对传统的以个人权利（私权）为本位的知识产权的法律思想、法律理念、法律价值取向、法律救济等进行深刻反思，创新智力成果的保护机制。知识产权制度生态化的路径创新应以人与自然和谐相处的生态理性为基础，与可持续发展的生态本位观念相契合，将生态价值纳入知识产权制度的改造过程中。

具体而言，知识产权制度生态化的路径创新有两种途径：一是对现有知识产权法律制度进行生态化的改造，即对一般的知识产权制度附加有关生态环境保护的

---

[1] 在国际上，环境权的概念开始是以“人权”名义提出来的，如，1970 年《东京宣言》提出：“我们请求，把每个人享有其健康和福利等要素不受侵害的环境的权利和当代传给后代的遗产应是一种富有自然美的自然资源的权利，作为一种基本人权，在法律体系中确定下来。”同时，西方学者将人权分为不同的层次：第一层次包括个人自由和公民权、参与权；第二层次包括社会、经济、文化权利，兼具个人权利和集体权利的性质；第三层次包括和平、发展、洁净的环境和分享人类共同的遗产的权利。转引自黄莎：“从利益平衡原则看知识产权制度生态化”，载《河南财经政法大学学报》2013 年第 5 期，第 116 页。

法定义务，如智力成果的创造者要承担与生态环境相和谐的作为和不作为的义务，对智力成果的创造者忽视创新活动中的生态价值的自由予以一定的限制；二是制定专门的知识产权生态化法律，具体包括知识产权生态化的确认与实施制度。本书认为，相对于我国的法律体系，第一种途径比较现实，以下着重对该途径进行论述。

一、知识产权制度生态化的路径创新，首先要对现有的知识产权制度进行修订

（一）明确“保护生态环境”是知识产权制度的重要的公共利益目标之一

知识产权制度属于私法范畴，私法是调整平等主体间的人身关系和财产关系的法律规范，其中财产关系就是要解决人与人之间有关资源归属与分配、交换关系的问题。从生态学的角度来解释，私法规范主要涉及主体如何分配、利用自然资源的行为规范，在一定程度上还调整人与自然之间的关系。基于自然资源的有限性与公共属性，立法者必须着眼于如何缓解民事主体与自然资源之间的紧张关系。知识产权制度也是对知识资源进行市场配置的最佳制度，起着利益分配的功能。我们必须重视知识产权制度这一无污染、可持续发展的资源利用和配置手段，这对于我们了解知识产权制度的精神和生态化的发展趋势大有裨益。在现代“人类可持续发展”目标的指引下，私法制度必须要关注生态环境问题。生态环境具有公共资源的属性，保护生态环境资源的利益及于当代人和后代人，是典型的公共利益，而知识产权

制度在配置环境资源、分配环境利益方面有着不可替代的作用。

（二）增加与生态环境保护有关的知识产权公共领域

公共领域保护制度即确定知识产品的非专有领域，最早规定在1623年英国的垄断法令中，即专利权和著作权的保护期限届满，便允许原来受保护的知识产品免费进入公共领域；后来，美国通过宪法确定了知识产权三项政策，其中之一便是“公共领域保留”（the preservation of the public domain），只在一定的期限和范围内保护知识产权。知识产权限制制度的设计，是界分私人利益与公共利益的“分水岭”。国内法框架下的知识产权公共领域主要包括三种：人类共有的知识，包括不受保护的科学思想和数学理论等；不具备实质要件的知识产品；保护期限届满的知识产品等。知识产权国际公约体系中的公共领域保留，主要包括可以自由复制的表达形式、可以自由使用的科学技术、隐含于市场中可自由使用的标记（符号）、可自由应用于产品的具有功能性和审美性的设计以及思想和新闻等。[1] 但是一个令人担忧的事实是：随着现代知识产权制度的发展，知识产权法律不断扩张着私人知识财产权的领域，亦不断缩小着知识产品的公共领域，并加剧了知识产权权利人的个人利益与知识产权利用者的公共利益之间的矛盾与冲突，这使我们不得不担忧知识产权制度将可循环使用的公共

---

[1] 张艳梅：“国际知识产权公约体系下的国际公共领域研究”，载《当代法学》2011年第4期，第144页。

知识变为私人知识工具的可能性。当今社会是一个充满许多不确定风险的社会，知识产权制度也不能幸免，它应该正视知识产品个人利益与生态环境公共利益之间的矛盾，有必要增加与生态环境保护相关的知识产品公共领域保留，使有利于生态环境保护的新技术、新发明、新产品尽早进入公共领域。

二、知识产权制度生态化的路径创新，需要资源与环境保护法律制度的互动回应

资源与环境保护法律涉及人与资源、环境的关系问题。因为人是欲望的主体，是一个持续的欲望载体，只有不断消耗资源才能生存和发展；而资源具有公共属性且稀缺，立法者也必须着眼于如何缓和人类与资源环境的紧张关系。从法律关系的角度来看，人与资源之间的关系属于财产关系，应该受到私法的调整。作为私法的一个部分，知识产权制度为了人类可持续发展的目标，自然要关注生态环境问题，知识产权制度的生态化是其发展趋势之一。同时，环境资源法律制度也调整人类利用自然资源、保护生态环境的社会关系，自然应该对知识产权制度生态化做出回应。对此，我们也可以从相关的环境保护法律制度的修改中看出端倪，如，我国2012年开始施行的《清洁生产促进法》也对清洁生产技术的推广和实施进行了规定，如限期淘汰浪费资源和严重污染环境的落后生产技术与工艺等制度。此外，《日本环境基本法》规定："经营者在制造物品时，要自行评价因使用或废弃给环境带来的负荷，并为降低负荷提供

技术性的帮助。”❶ 对此，我国的《中华人民共和国环境影响评价法》（以下简称《环境影响评价法》）也应该突破只适用规划和建设项目的规定，将适用范围扩展到专利或非专利技术的环境评价中。另外，还可以对现有的生态补偿制度进行一定的修改，增加对遗传资源保护的生态补偿，以增强遗传资源知识产权的保护力度。此外，我们还应该对《中华人民共和国野生动物保护法》（以下简称《野生动物保护法》）、《中华人民共和国野生植物保护条例》（以下简称《野生植物保护条例》）等环境资源法律进行一定的修订，增加相关的知识产权利用的采集、报告、来源公开、惠益分享等内容。

三、知识产权制度生态化的路径创新，需要不同的法律部门协调完成

知识产权制度生态化的路径创新，不能仅靠对知识产权制度或者环境资源保护法律制度进行修改来完成，还需要不同部门法之间的协调修改。如，我国《清洁生产促进法》第 20 条❷规定了产品和包装物的设计应该考虑其对生态环境的影响，同时产品和包装物的设计又涉及《中华人民共和国著作权法》（以下简称《著作权法》）和《专利法》，因为产品或包装物的设计方案属

---

❶ ［日］富田彻男：《市场竞争中的知识产权》，廖正衡等译，商务印书馆 2000 年版，第 195 页。

❷ 我国《清洁生产促进法》第 20 条第 1 款规定：“产品和包装物的设计，应当考虑其在生命周期中对人类健康和环境的影响，优先选择无毒、无害、易于降解或者便于回收利用的方案。”

于著作权法保护的客体，而产品和包装物设计本身又和外观设计专利紧密相关，所以《著作权法》和《专利法》等知识产权法律也应该对此进行一定的规定和完善。再如，《清洁生产促进法》第22条[1]规定，为了防止农业环境污染，要科学管理农业生产中的化肥、农药、农用薄膜和饲料添加剂等的使用，相关农产品的地理标志保护和认证法律对此也应该予以回应，因为地理标志这一知识产权表明了该产品独特的质量品质，与当地自然环境紧密相关，在地理标志认证过程中必须严防农业生产领域内的环境污染，同时还应该对《中华人民共和国农业法》（以下简称《农业法》）中的相关内容进行修改。

---

[1] 我国《清洁生产促进法》第22条规定："农业生产者应当科学地使用化肥、农药、农用薄膜和饲料添加剂，改进种植和养殖技术，实现农产品的优质、无害和农业生产废物的资源化，防止农业环境污染。禁止将有毒、有害废物用作肥料或者用于造田。"

第四章

著作权制度生态化的法经济学分析

第一节　著作权制度与生态环境保护的关系

一、一系列关注生态环境保护的作品是知识产权制度生态化的启蒙

任何一种有影响的观念、理念、制度的转变，都离不开学者们的长期研究和呼吁，都离不开具有划时代意义的作品的产生。知识产权制度生态化的萌芽当然也离不开反思知识产权制度合理性的划时代作品的诞生。

（一）《寂静的春天》的发表，首次引发人们对包括知识产权制度在内的法律制度与生态环境恶化之间关系的反思

与知识产权制度生态化密切相关的作品，首先要追溯到《寂静的春天》。在20世纪60年代以前，在世界各国的报纸和书刊上很少能看到"环境保护"的字眼，而是长期流行于全世界的口号——"征服大自然""做大自然的主人""向大自然宣战"等，此前大自然仅是人类社会征服的对象，而不是和谐相处的对象。人类社会的很多社会发展计划，包括知识产权制度在内的法律制度都基本依此意识而制定，科技的创新是为了提高人类改造自然、战胜自然的能力，而知识产权制度则是为此类科技的创新保驾护航。这种人类意识一直存在了几个世纪并被认为绝对正确，但是蕾切尔·卡逊（Rachel Carson）首次对这一人类意识提出了质疑，《寂静的春天》后来被誉为发动"生态运动"的起跑信号，其所坚持的思想也点燃了人类环境意识启蒙的灯塔。事情的起因是：1957年夏天，马萨诸塞州政府为了消灭蚊子，租用了一架飞机喷洒DDT[1]，但是将附近禽鸟保护区的

---

[1] DDT是一种合成的有机杀虫剂，作为多种昆虫的接触性毒剂，有很高的毒效，尤其适用于扑灭传播疟疾的蚊子。第二次世界大战期间，仅仅在美国军队当中，疟疾病人就多达100万，特效药金鸡纳供不应求，极大地影响了战争的进展。后来，有赖于DDT消灭了蚊子，才使疟疾的流行逐步得到有效的控制。DDT及其毒性的发现者、瑞士化学家保罗·赫尔满·米勒因而获1948年诺贝尔生理学或医学奖。然而应用DDT这类杀虫剂，就像是与魔鬼做交易：它杀灭了蚊子和其他的害虫，也许还会使作物提高收益，但同时也杀灭了益虫；更可怕的是，在接受过DDT喷撒后，许多种昆虫能迅速繁殖抗DDT的种群；此外，由于DDT会积累于昆虫的体内，这些昆虫成为其他动物的食物后，那些动物，尤其是鱼类、鸟类，则会中毒而被危害。所以，喷洒DDT就只是获得近期的利益，却牺牲了长远的利益。

鸟儿全部毒死了。于是，蕾切尔·卡逊讲述了“一年的大部分时间里都使旅行者感到目悦神怡”的虚设城镇，突然间笼罩上一种“奇怪的寂静”，而产生这些问题的原因则是杀虫剂的大量应用，且这种由杀虫剂所引发的情况正在美国各地上演。杀虫剂的广泛应用，破坏了从浮游生物到鱼类、鸟类甚至人类的生物链，使人们患上了慢性白血球增多症和各种癌症。蕾切尔·卡逊认为，“给所有生物带来危害”的DDT杀虫剂不应该叫作杀虫剂，而应称为“杀生剂”；他进而认为，所谓“控制自然”的想法和理念，其实是一个非常愚蠢的提法，那是生物学、自然科学、哲学处于幼稚阶段的产物。蕾切尔·卡逊呼吁通过引进昆虫天敌等多种变通办法来代替化学物质，控制对自然界有害的昆虫。《寂静的春天》用通俗浅显的术语、抒情散文的笔调，使文章读来充满盎然趣味，曾高居《纽约时报》畅销书排行榜前列连续达31周。时任美国总统约翰·肯尼迪读过此书后，责成总统科学顾问委员会对书中所提到的化学物进行了试验，以验证蕾切尔·卡逊的结论是否正确。该委员会在其后《科学》杂志上的报告证实了该书中的论题正确，同时，该报告还要求联邦各机构之间协调，制订一个长远计划，立即减少直至最后取消使用DDT。该报告还揭露了美国法律（包括知识产权法律）的许多漏洞，如，虽然美国各机构都能证明杀虫剂的毒性，但如果杀虫剂的生产者持有异议，农业部就不得允许其做鉴定证明，时间可长达5年。这一报告引起了美国法学界对包括知识产权制度在内的法律制度的生态化的热烈讨论。该书对各国生态环境保护的作用，现在不论我们如何评价都不为过。时任美国副总统戈尔曾公开表明，蕾切尔·卡逊的榜样激励着他，促使他意识到环保的重要性并且投身到环保运动中去。美国威廉·道格拉斯法官称颂该书是“本世纪人类最重要的历史事件”。1980 年，时任美国总统杰米·卡特授予该书作者“总统自由奖”，奖章上的题字是：“……她创造出了一股永不退落环境意识的潮流。”

（二）《增长的极限》开启了对知识产权制度正义性反思的思潮

与知识产权制度生态化密切相关的另一部著作，当属《增长的极限》。该书是由唐奈拉·米都斯和丹尼斯·米都斯合著的，提出了可持续发展理论。该书运用麻省理工学院（MIT）的杰伊·福雷斯特提出的系统动力学方法，将全世界划分为人口、农业生产、自然资源、工业生产和污染等相互关系的 5 个系统，然后建立了一个世界模型，并按照人类 20 世纪 60 年代末 70 年代初的增长速度，借助计算机进行仿真演示，结果显示人类将会面临人口呈指数增长、不可再生资源逐步耗竭、工业经济原料不足、农业衰退、生态环境污染达到极限，整个人类发展将不可能按照以前的速度持续 100 年，人类社会将逐步步入“困境”，随之而来的将是“崩溃”。该具有悲观主义色彩的报告发表至今，已在全世界范围内引发了旷日持久的争论，《增长的极限》是地球长鸣的警钟，它的发表催生了可持续发展理论的诞生。它所预测的可持续革命——生态革命具有以下特点：人们在消费社会中保持物质生活水平达到“适度消费”就可以的革命；这是一场以“可持续、有效率、充裕、平等、美好和共有作为全世界最高价值观的革命”。为此，生态革命应当遵循以下原则：（1）经济是发展的手段而不是结果，它是为大自然和环境的福利服务而不是相反；（2）要建立可再生的、可持续发展的、有效率的能源系统；（3）建立可将废物回收、利用或无害化处理的有效率的物质循环系统；（4）在技术设计上，应将污染排放物与废弃物减少到最低程度，且在全世界约定不再生产自然界无法自身循环和技术无法处理的污染物和废弃物；（5）保持自然生态系统的多样性，尊重自然生态规律，世界上的每一种生物都有生物链上的平等价值；（6）活着的原因和让自己生活条件变得更好的原因不再涉及物质积累享受。❶

在《增长的极限》报告出台以前，有关知识产权制度的正当性是以洛克、亚当·斯密等人的财产权劳动学说为基础确立的，洛克基于自然权利的理论，论证了劳动是获得私人财产权的重要途径以及劳动使人们获得私人财产权的合理性。在与知识产权有关的层面，确立了这样一种理念：一个人通过自己的努力和创造得来的东西，属于他自己。亚当·斯密将财产定义为一种劳动的结果，知识产权制度保护的是劳动成果而不是劳动本身，他坚信人类活动的基本点就是物质的私益，社会不应该妨碍他人追求物质利益，人们满足自身需要的欲望其实是一种能使他人得益的美德。❷ 但是，洛克的先决

❶ ［美］德内拉·梅多斯等：《增长的极限》，李涛、王智勇译，机械工业出版社2006年版，第249页。

❷ ［英］亚当·斯密：《国民财富的性质和原因的研究》（上册），郭大力译，商务印书馆1972年版，第305页。

条件是建立在一个基本错觉或者历史局限之上，即人们的劳动是在生产能源和物质，而不是找到能源或物质，而在现实中试图为财产得到的权利提供正当性更困难的是洛克的先决条件。在当代，人口过多、资源短缺等问题突出，洛克的先决条件从来不会被满足。《增长的极限》表明：地球的能源和资源有限，人类社会的发展和增长有一定的限度。用倍增的速度去求得经济和社会的发展注定会使社会在能源和物质方面达到极限，最终会带给人类毁灭性的灾难。

洛克等人的财产权劳动理论将自然和人类分开，“把自然资源设想为取之不尽、用之不竭的状态，体现了个人主义精神，但是离现实生活过于遥远，无法回应现实经济生活中利益的复杂性。其理论假设还停留在人与自然共有物关系的层面上”❶。《增长的极限》促使人们进一步反思人与自然的关系问题，使人类认识到自己正在侵害自己生存的星球，正在掠夺子孙后代的资源；人类如果再这样发展下去，必然会使自然灾害更加频繁且趋于恶性，自然界生态系统将失去平衡，人类将面临生存危机。人类生活在一定的自然系统之中，必须服从这些系统的所有法则，而这些系统及其目标构成了新的规范和价值模式的客观基础。该报告提出的这些观点促使我们更多地思索人类未来之路，未来全球技术社会的社会思潮将是尊重和崇敬自然秩序的，世界的稳定和生存构成了支配一切的目标，哲学伦理也不例外。将自然

❶ 孙祥壮：“知识产权法治构造的理论逻辑”，南京师范大学 2007 年博士学位论文，第 93 页。

和人类分开的这种思维模式应得到彻底的改观，一种从整体上把握事物之间相互关系的思维模式应得到确立，新的伦理学观点逐步确立：人类同整个自然界应协调发展，我们要终止对自然界的贪婪掠夺行径，最大限度肩负起保护自然的责任，坚定走生态文明之路的决心。

二、通过著作权制度倡导“生态文明”，将对生态环境的保护产生巨大的影响

著作权制度通过鼓励相关有利于生态环境保护的作品，可以起到保护生态环境的作用。如，艾伦·杜宁在《多少算够——消费社会与地球的未来》一书中发出以下疑问：“如果环境的破坏根源在于人们拥有太少或者太多……那么多少算够呢？地球能支持什么水平的消费呢？拥有多少的时候才能停止增长而达到人类的满足呢？世界人民在不使这个星球的自然健康状况受损失的情况下，是否可能过一种舒适的生活呢？”“全世界的人们都能有汽车、空调、恒温游泳池、飞机和别墅吗？”[1] 这些疑问实际上是对“不消费就衰退”神话的批判。在以凯恩斯等为代表的经济学家看来，消费对于经济增长和提供就业至关重要，其与投资、对外贸易并称为拉动经济增长的“三驾马车”。然而持有这种观点的人却忽视了一种情况：如果这种消费是建立在掠夺资源和破坏环境的基础上，那么结果将会朝相反的方向发展。例如，人类过度消费水产品，会引发过度捕捞而导

---

❶ ［美］艾伦·杜宁：《多少算够——消费社会与地球的未来》，毕聿译，吉林人民出版社 1997 年版，第 7 ~ 8 页。

致海洋生物链的断裂，更多渔民将会失业。人类如果更多地消费石油等化工产品，会导致空气污染和酸雨，并进而破坏森林的生态系统，伐木工人将不得不减少树木的采伐。

如果通过著作权制度的生态化倾向，使得人们树立绿色消费的观念，将会对环境保护产生积极作用。当消费者带着绿色消费的心理走进商场的时候，生产者和消费者必然会更加谨慎地对待生态环境。消费者的绿色消费理念的形成要靠著作权制度生态化的潜移默化。当大多数消费者看到过度的产品包装、一次性用品或者过度耗费资源的产品时，认为这是对其子孙的生存和可持续发展不负责任时，消费主义就处于衰退之中。我们的消费方式，对我们地球上生命的未来起着决定性的作用。当我们已经习惯了飞机和私人轿车出行时，我们还能回归自行车、公共汽车的绿色出行方式吗？当我们已经习惯了一次性塑料、过度的包装等商品时，我们还愿设计和使用耐用且对环境友好的商品吗？改变人们根深蒂固的消费模式有多种方法，其中著作权制度的生态化是一个重要的方面。我们可以鼓励让人们多创作鼓励适度消费、绿色消费的作品，鼓励国家推广宣传该类型作品的普及；还可以在《著作权法》中规定，国家对于罔顾生态环境保护、宣扬破坏生态环境、鼓励过度狩猎、宣扬过度消费的作品所享有的著作权不予保护；甚至可以考虑让国家通过购买某些对生态环境有重要影响的作品版权、支付著作权使用费用等方式，普及全民健康消费方式，这会对生态环境的保护产生积极的作用。

第二节 著作权的客体与生态环境保护的关系

著作权的客体，即著作权所保护的对象，是指作者创作并受《著作权法》保护的作品。我国《中华人民共和国著作权法实施条例》（以下简称《著作权法实施条例》）第2条对作品进行了明确的定义，《著作权法》中采用了例举的方式，指出受该法保护的作品包括：文字作品；口述作品；摄影作品、电影作品和类似摄制电影的方法创作的作品；音乐、戏剧、舞蹈、曲艺、杂技作品；美术、建筑作品；产品设计图、工程设计图、地图、示意图等图形作品和模型作品；计算机软件；法律、行政法规规定的其他作品等。

著作权的客体与生态环境之间存在紧密的联系，很多文字作品以及音乐、美术、摄影作品均以自然环境为依托，优美的生态环境是这些作品创作的源泉所在。如，李白的《望庐山瀑布》以庐山的香炉峰为背景描写了庐山瀑布之景，以高度夸张的艺术手法描绘了庐山瀑布的壮美景象，以传神入化的笔锋描绘了庐山瀑布的形象和气势。中国的山水画则是人与自然环境的直接对话，其思想就是从自然的秩序中提炼出绘画的秩序，“以真为师”，如，清代画家王时敏的《富春江山居图》描绘了富春江一带的南国风情，画上峰峦起伏变化，云树丛林疏密得当，远处水天一色，一览无余。当代享誉全国的漓江画派就是以广西秀美的山水为表现对象，其最大特点是写生化和生活化。试想如果庐山瀑布断流，李白能创作出传诵至今的《望庐山瀑布》吗？如果富春江污染严重，王时敏能创作出流传千古的《富春江山居图》吗？如果广西区域水域污染严重，山水资源遭到破坏，漓江画派的创作基础还存在吗？另外，现在的很多摄影作品与电影作品更是与生态环境密切相关，如，《动物世界》把镜头直接对准了我们生活的星球上的动物，《人与自然》则定位于介绍植物及探讨人与自然界之间的关系。可以说，我们所赖以生存的自然环境是我们创作多种作品的不竭源泉，一旦我们的环境恶化、许多动植物灭绝、众多山川河流遭遇破坏或污染，那么我们的作品创作也就成了无源之水、无本之木，虽然人们的物质生活很丰富，但人类离"文化蛮荒"时代也越来越近了。

此外，著作权的客体——作品对生态环境的关注，也会提高人们保护生态环境的意识。如，蕾切尔·卡逊的《寂静的春天》使人们开始关注DDT农药滥用的后果，开始思考生物多样性保护的问题；福克斯公司出品的电影作品《后天》，则关注的是温室效应造成了地球气候异常，并引发了地球的空前灾难——人类进入第二次冰河纪，以此唤醒人类对保护生态环境的关注；纪录片《动物世界》则通过优美的画面、感人的故事、专家的讲述去告诉观众、打动观众，人类不能没有动物，我们都应该为了保护形形色色的动物而尽力；柴静自费拍摄的雾霾纪录片《穹顶之下》，揭示了环境污染是我们不可回避的问题，引发了人们对油品标准的关注和质疑，提高了人们保护生态环境的意识。

综上所述，著作权制度所保护的客体——作品，与生态环境保护有着紧密的关系，限于篇幅，下文主要分析音乐作品、美术作品与生态环境保护之间的关系。

一、音乐作品与生态环境保护的关系

音乐与生态环境保护的话题既古老又新鲜，早在中国的先秦时期和西方的古希腊时期，哲学家们就意识到了音乐可以成为连接人类与大自然的中介，非常重视音乐在调节自然与人类社会和谐关系中的作用。从现实生活来看，声音是我们感受世界不可缺少的信息来源，但是，分贝过高的声音会损害人体的健康，过多的声音会使人生厌，我们将对人体产生危害及人们所不需要的声音称为噪音。从物理学的角度来看，音乐和噪音是不同的，音乐是包含许多频率的悦耳的声音，具有一定的节奏性和周期性；而噪音则是不同频率、不同强度的声音无规律杂乱地组合在一起。从改善生态环境的角度来看，噪声污染同水污染和大气污染一样，也是一种严重危害环境的公害，防治噪声污染也是我们改善生态环境的应有之义，多出音乐作品，降低噪声污染，可以更好地达到人与大自然的和谐相处。

首先，从现实生活来看，各种生态系统中的和谐之声也是我们创作音乐的灵感所在。例如，昆虫（如蝉）两翼有规律的振动所发的声音、各种动物由于声带振动而产生的吼声、鸟由喉咙振动发出的鸣啼声、水流的哗哗声、电闪雷鸣声等，都能给作曲家的作品注入新的生机。优美的生态环境也能使人们更好地欣赏音乐作品，如在日本多个森林公园举办的“森林音乐会”，乐师们在古木参天、郁郁葱葱的森林里演奏一首首古典乐曲，听众们或坐或站，聆听那些与大自然融合的旋律，犹如在欣赏天籁之声，心旷神怡，音乐与环保融为一体。从这个角度出发，保护生态环境既能保护人类创作音乐的灵感，也能使人们享受更高质量的音乐生活。

其次，从音乐本身的作用来看，音乐可以促使人们更好地保护生态环境。如，一曲描述森林雨的曲目，运用琴键、竖琴、笛、大提琴、敲击声等音响效果描绘了一幅美丽清新的画面，让人在对比中感受如今森林大片树木被砍伐、森林中的水流减少、动物数量锐减的现状，曲中寓意深远的旋律告诉人们：环保已经迫在眉睫，为了可爱的地球家园，我们每个人都应该成为环保卫士。音乐已经成为环境保护的催化剂，它能从人类灵魂的最深处影响人们的环境保护行为，音乐与环境保护的隐性联系，主要通过音乐的声波——人的感官——人的大脑意识反应——人的心理变化——人的行为活动传递到环境保护中。❶ 如，一代美国巨星迈克尔·杰克逊的《拯救地球》提出了“Then why do we keep strangling life? Wound this earth? Crucify its soul?”（那么我们为什么要扼杀生命？伤害地球？扼杀它的灵魂?）的疑问，并提出了“Heal the world, Make it a better place, For you and for me and the entire human race”（拯救地球，让它变得更好，为你，为我，为了我们全人类）的呼吁。近年来，我国也出现了一些优秀的鼓励环境保护的音乐作品，如中国台湾地区周杰伦创作的《梯田》，这首歌从环境保护的角度出发，描写了一个漂泊在外多年的游子回家，却发现儿时的梯田面积越来越

❶ 顾秋鸿：“音乐与环保”，载2007年《中国音乐治疗年会第八届年会论文集》，第136页。

小，取而代之的是城市森林与高楼大厦，儿时玩耍的水牛变成了画挂在墙壁上供人欣赏，森林绿地已经变成了纪录片，我们闻不到绿意盎然，只能享受乌烟瘴气；并发出了“因地制宜到底对还是不对？人类破坏生态环境累不累？这样的人类狼不狼狈”的深思。[1] 五明佛学院的丹增嘉措活佛创作的《动物的祈祷》[2] 也是呼吁保护生态环境的经典歌曲之一，体现了活佛大慈大悲的真情，并配以梵音为人类所杀的众多动物呐喊和祈祷，提出了动物之间应该是平等的，人类应该反思其残忍地对待动物的方式。

最后，我们要反对有害于生态环境保护的音乐作品

---

[1] 《梯田》是周杰伦针对当前比较严重的环境污染的现状而创作的说唱音乐作品，其 MV 的背景是在他小时候外婆家周围拍摄的，具有很强的现实意义。其主要的歌词有：“说到中学时期家乡的一片片梯田/是我看过最美的绿地/于是也因此让我得了最佳摄影/莫名其妙在画面中的我/不会写词都像个诗人/坐着公车上学的我/看着窗外的牛啃草/是一种说不出的自由自在……面店旁的小水沟/留着我们长大的梦/绕过天真/跳至收割期/人们的汗水夹杂着满足与欢喜/是我现在最舍不得的画面/也是我另一项参展作品，靠着回忆/画成油画/拿到奖状/有个啥用/鼓励你多去回忆是吧/哼我真想撕掉换回自然/怎么梯田不见/多了几家饭店/住在里面/看西洋片/几只水牛/却变成画/挂在墙壁上/象征人们蒸蒸日上/一堆游客偶尔想看看窗外的观光景点/但只看到/比你住的再高一层的饭店……因地制宜/综合利用/利用对还是不对/自私的人类/狼不狼狈/破坏自然的生态/会不会很累/你说为了艺术/要砍下一棵树/这对还是不对/你说为了装饰/请问干我啥事/是不是只能用相机记录自然/拿相片给下一代给下一代回味/可怜可悲/森林绿地都已成纪录片/闻不到绿意盎然/只享受到乌烟瘴气……你们并不想听/我知道但我没办法/我就是要写/你们可能永远不能体会/显微镜底下的我们/会更现实更自私/这种艺术真的很难领悟。”

[2] 《动物的祈祷》是由丹增嘉措活佛作词，陈卫东作曲，陈卫东、李佳蓉演唱。其歌词如下：我们生活在地球上面，共同分享同一片蓝天。虽然相貌相差万千，同样期待祥和春天。我们动物也有父母亲眷，喜欢团聚害怕离散。不奢望繁花似锦的林园，只希望有一片自由的空间。可是前方的道路却不能自选，等待我们的是痛苦深渊。有多少同胞命丧黄泉，成为了别人的桌上喜宴。我们本可携手并肩，同样是生命却为何相残。我希望人类能更加慈善，让博爱的甘露洒满人间。

的创作。如，一些颓废主义音乐将音乐艺术变成抽象的、没有生命的音响结构形式，无原则地将一些琐碎的、非主流的、消极的现象当作理论颂扬，追求病态的、非理性的、厌世的情绪，伴随一些无调式的旋律，甚至为了追求刺激的效果，故意加入一些噪音。尤其是一些不利于环境保护的音乐作品，其负面作用同样不可小觑。试想如果正在成长的小树整日生活在这种音乐熏陶下，怎么才能长成参天大树？如最近几年发展起来的新型农业技术——植物声频控制技术，借助声波对玉米、小麦、水稻、棉花、蔬菜、茶叶等植物的细胞周期产生影响。此技术的运用表明，接收适量频率和分贝的声波后，植物叶片上的气孔会张开，促进营养物质的转化和吸收，从而增加产量，提高种子发芽率和农作物的品质。这项利用音乐促进农作物生长的技术不会污染环境，非常适合现代生态农业和环境保护的要求。在中国台湾地区的稻田、菜园和果园中，很多人通过播放音乐使果蔬长得更好。在我国福建南安县，当地村民通过播放《大悲咒》《感恩歌》等音乐种植水稻，经过3季的种植实践证实，听音乐的水稻颗粒更加饱满，平均增产15%，且能达到驱虫的效果。[1] 同时，研究表明，如果给植物长期听摇滚音乐、颓废厌世的音乐，植物会枯萎死掉。由此推及人类自身，我们如果整日生活在这种音乐之下，怎么能善待自然，怎么能自觉地保护生态环境呢？

---

[1] 林志安，戴晓晖：“南安400多亩水稻听‘大悲咒’增产15%颗粒饱满”，载《东南早报》2014年9月8日。

如，在2013年6月5日世界环境日当天，以生态环境保护为主题的音乐会在中国的国家大剧院上演。该音乐会由“黑色噪音”“濒危”“月浪”“群岛之海”“湿地”5个乐章组成，并邀请了美国、英国、意大利、墨西哥等国的5位作曲家为不同的乐章谱曲，演出的作品都是作曲家通过对生态保护紧迫性、重要性的理解并针对人类所面临的环境问题创作的。本场音乐会以发展与环境为主线，传递了“人类·家园·音乐”这一核心价值，旨在通过音乐的形式，将人与自然的和谐美传达给现场的每位听众，借此唤起更多人尊重自然、爱护生态环境的意识。

二、美术作品与生态环境保护的关系

（一）良好的生态环境是美术作品创作之源

良好的生态环境是人类赖以生存和发展的基础，也是人类进行美术这一艺术创作的源泉。美术与生态环境之间有着天然的联系，美术始终是以自然环境、人文环境或者其中的事物、人物作为创作的对象，且以理想化和审美化的眼光来创作这一意境。不论是范宽的《溪山行旅图》所表现的凝重和阳刚的山川之美，还是莫奈《印象·日出》所表现的“日出水面”这一如诗如画的景观；不论是我国西北的大漠孤烟、内蒙古的无垠草原、东南的小桥流水、西南巧夺天工的喀斯特地貌，还是国外北欧的莽莽雪景、非洲的热带风景，都是大自然赐予我们美术创作的不竭素材，大自然也给我们提供了优美、险峻、一马平川、高山流水等丰富内容和图像世界，这些都是我们进行美术创作的不竭源泉。试想如果我们的周围全是一座座的垃圾山、一根根吐着烟尘的烟囱、一条条的污水河、经常肆虐的沙尘暴，美术作品的创作将会成为无源之水，那么我们还能创作出什么样的美术作品？

（二）美术作品的创作可以促使人们更好地保护生态环境

美术作品能够给人们提供美的享受和想象的空间，人们在体会、享受、感受美的过程中，自然会对创作的来源——大自然产生保护生态环境的意识。美国学者汤姆·安德森认为，美术教育和学习应该在我们的生活中发挥举足轻重的作用，美术本身除了美感之外，还在众多的社会文化中起着另外一个重要的作用——“为生活而艺术”。而生态环境保护与人类生活息息相关，自然环境与人类生存和可持续发展存在紧密联系，通过美术教育和学习，可以培育人们热爱自然、热爱生活的情感，激发人们对环境问题的关注，并提高人们保护生态环境的自觉性。

尤其是在当前中小学的教育教学过程中，更要注重美术教学对青少年的环境保护意识的培养，因为大自然是青少年最亲近的世界，要让美术课堂走进自然，通过一系列的美术教学活动，使学生体验人与自然所拥有的美妙、神奇与和谐，感受生活与自然的息息相关，从而促使青少年亲近自然，热爱生态环境，并积极参与到其力所能及的日常环境保护生活当中。[1] 在德国，从上幼

[1] 倪娜：“环保美术在小学美术教育中的运用”，载《科技信息》2007 年第 26 期，第 225 页。

儿园开始，就会给学生发一些环保的小册子，以图文并茂的形式展示生活中的环保小事，以培养大家的环保意识。当前，在我国的很多地方经常会举办各种与环境保护主题相关的美术作品大赛，这是一种很好的美术教育与环保宣传活动，如，在某市“环保杯”绘画比赛中的《鱼儿也要打伞》这幅美术作品中，鱼儿们打着花伞，喘着粗气，在溢满垃圾的河水中东躲西藏，周围则是漂浮在水面上的一条条死鱼，画面触目惊心。小作者用画笔描绘出当前河水遭受严重污染的现实，是童心与未来期盼的最直接表露。“少小若天性，习惯成自然”，环保意识是现代人必须具备的一种意识，而文字、美术和音乐作品则是培育这种意识最有效的教育方式，儿童及青少年环保意识与习惯的养成会伴随他们的一生，对全民参与环境保护大有裨益，因此自然应该在九年义务教育阶段多增加一些环保方面的内容。

第三节　著作权制度生态化的若干思考与建议

《著作权法》中保护的作品既是作者个体劳动的产品，也是一定时期社会劳动的体现，作品的创作活动离不开特定的社会环境。因此，作品在具有个体人格性的同时，也打上了社会性的烙印，作品也只有在社会中才能实现其真正的人文价值，鼓励有利于生态环境保护的作品的创作与传播应该是《著作权法》应有的宗旨。

一、对不符合生态化的作品的著作权不予保护

作品是各国著作权法保护的对象，是内容与形式的

有机统一体。❶ 从创作的角度来看，作品往往要通过构成作品内容和形式的诸多要素表现出来，作品内容的具体要素包括题材、主题、事实、情节；作品形式的具体要素包括符号、结构、体裁等。按照很多国家著作权法的规定，作品只要创作出来，不论是否发表，均享有著作权。❷ 但是，为了公共利益的需要，许多国家又规定，著作权人行使其著作权不能损害公共利益。❸ 生态环境保护属于公共利益的范畴，如果作品的内容含有不利于生态环境保护的成分，或者宣扬破坏生态环境的，国家相关部门就应该对此类作品的出版和传播进行必要的管理。

对此，我们可以参考世界上有关国家的著作权保护的除外制度。如，在英国的判例法中，创作色情作品的作者被认为是版权法中的“不合格人”，此类作品便不能得到版权法的保护；美国的司法部长曾指出，美国版权局局长有权驳回含有扰乱治安、淫秽、诽谤内容作品的版权登记申请；在德国，曾经有司法判例认为，色情著作只具有纯粹的记录特征，达不到著作权法所要求的独创性标准，故不予保护❹，在 1984 年，德国的法院也

❶ 我国《著作权法实施条例》第 2 条规定：“著作权法所称作品，是指文学、艺术和科学领域内具有独创性并能以某种有形形式复制的智力成果。”

❷ 如，我国《著作权法》第 2 条第 1 款规定：“中国公民、法人或者其他组织的作品，不论是否发表，依照本法享有著作权。”

❸ 如，我国《著作权法》第 4 条规定：“著作权人行使著作权，不得违反宪法和法律，不得损害公共利益。国家对作品的出版、传播依法进行监督管理。”

❹ 吴汉东：《知识产权基本问题研究》，中国人民大学出版社 2009 年版，第 49 ~ 50 页。

曾宣布色情电影作品不享有著作权[1]；《伯尔尼公约》将此类作品的著作权问题交由各成员国自行处理，对于此类作品，虽然很多国家对于是否享有著作权观点各异，但是大多数国家都明确规定给予作者相应的刑事制裁。

借鉴以上多个国家及国际公约对淫秽、违反善良风俗（即色情）作品的著作权问题的处理办法，我们可以针对有违生态环境保护的作品予以一定的著作权保护，或者虽然承认其享有著作权，但是国家相关部门应将该类作品认定为“损害公共利益”，给予严格的监督管理，对其出版与传播予以一定的限制。对于严重损害生态环境的作品，可以将其排除出《著作权法》的保护范围。那么如何认定该作品有违“生态环境保护”这一公共利益呢？对此，可以从该作品的主题进行判断。主题是作品所描绘的社会生活或客观现象所显示出来的贯穿于整个作品的中心思想，任何作品都有主题，因为作者进行创作不可能是漫无目的的，他们总是要把自己在生活中的理解和感受通过自己的描述传达给读者，以揭示某个问题、表示某种态度或者见解。如果一部作品中的主题有违生态环境保护，那么就可以认定其“损害公共利益”，国家相关机关就应当对该著作权加以限制。

此外，现实生活中还存在许多不符合“环境友好型”特征的作品，如，很多城市建筑过度地追求造型而

[1] 郑成思：《版权公约、版权保护与版权贸易》，中国人民大学出版社 1992 年版，第 97 页。

不考虑节能环保，成了碳排放大户；有些建筑作品为了追求光彩夺目的视觉效果，建筑外墙使用了大量的反光玻璃，造成了严重的城市光污染现象；某些产品或者包装物的设计方案没有考虑其生命周期中对人类健康和生态环境的影响，选择的材料有毒、有害、难以降解或难以回收利用。这些问题实际上已经损害了社会公众享受美好环境的“公共利益”，应该对其著作权的权利予以一定的限制，如，可以规定行使建筑或雕塑作品的著作权时，应承担必要的生态环境保护义务；规定此类作品如果存在污染环境的问题，则不得行使复制权、发行权、许可权、转让权等可获得经济利益的著作财产权。❶

二、为了保护生态环境，可以适当扩大著作权法定许可的范围

按照《著作权法》第23条规定❷，如果宣传环保知识的内容属于为实施九年制义务教育和国家教育规划而编写出版的教科书，则除作者事先声明不许使用的外，可以不经著作权人许可而使用。该规定即为著作权的法定许可情形，即根据著作权法的规定，行为人使用他人著作不必征得著作权人的同意，但仍应当向著作权人支付报酬并尊重其权利。法定许可制度属于对知识产

❶ 徐亚文：“知识产权法的环境保护义务”，载《中国地质大学学报（社会科学版）》2012年第5期，第42页。

❷ 我国《著作权法》第23条第1款规定：“为实施九年制义务教育和国家教育规划而编写出版教科书，除作者事先声明不许使用的外，可以不经著作权人许可，在教科书中汇编已经发表的作品片段或者短小的文字作品、音乐作品或者单幅的美术作品、摄影作品，但应当按照规定支付报酬，指明作者姓名、作品名称，并且不得侵犯著作权人依照本法享有的其他权利。”

权权利行使的限制，其目的是促进知识产品的利用。那么如果不是九年制义务教育规划，而是宣传环保的辅导材料、小学生课外读物，则能不能适用该条规定呢？对此，本书的观点是可以对该条法律规范做扩大解释，只要能够培养中小学生的生态环保意识，均可以适用该条规定，当然，应按照规定给作者支付一定的报酬。

三、加强对符合《著作权法》的商业广告是否有利于生态环境保护的审查

广告，是为了某种特定需要，通过某种形式的媒体，公开且广泛地向公众传递信息的宣传手段。此处的广告主要指的是商业广告（或称经济广告），是以营利为目的。其通常是生产者、经营者与消费者沟通信息的重要手段，目的是扩大经济效益，也是企业推销产品、推介劳务、占领市场的重要手段。黑格尔曾指出："需要并不是直接从具有需要的人那里产生出来的，而是由那些企图从中获得利润的人所创造出来的。"❶ 当今世界已经进入消费时代，商业广告借助创意技巧的设计和传播，在迎合当今社会不断膨胀的欲望需求的同时，也在不断地制造、传播、诱导着欲望，不断鼓动着人们进行无节制的欲望消费，使人们的社会价值观逐步转移至消费主义，这与"生态文明"社会所倡导的适度消费背道而驰。要想实现人类的可持续发展，就必须从生态文明的高度，将人与自然、人与人之间是否和谐作为一

---

❶ ［德］黑格尔：《法哲学原理》，范杨、张企泰译，商务印书馆1961年版，第206～207页。

种新的思维方式来指导人们的商业广告设计活动，并最终达到规范商业广告设计行为的目的。[1] 以生态哲学作为指导思想，则是商业广告设计的划时代进步。

在现代社会，商业广告具有巨大的传播力，它无时无刻不在影响着受众的道德观、价值观乃至实践行为。在当前的商品社会中，商业广告应当与新闻传播、学校教育、美术与音乐教育等一样，要关心生态问题，承担起传播生态环境保护的责任。在产品营销过程中，要自觉传播生态理念，维护生态利益。从生态伦理的角度考量商业广告，可以反映商业广告与生态环境之间的关系，可以反映广告发布者的生态伦理倾向。对商业广告是否符合生态化进行必要审查，可以促使广告经营者检省自己的生态伦理，将生态责任和生态关怀植入广告活动之中。[2] 根据《著作权法实施条例》第 2 条的规定，“广告”要想符合《著作权法》中的“作品”保护条件，必须要在该领域内具有独创性，并且是通过某种有形形式复制的智力成果。商业广告中涉及生态环境问题的，必须秉持保护生态环境的主题或理念，否则应按照我国《著作权法》第 4 条的规定，以“损害公共利益”为理由，对其广告的出版与传播进行监督管理，防止其进一步扩散与宣扬，以保护我们的生态环境。如，2007 年，森马集团有限公司发布了一则服饰广告，其广告语为“我管不了全球变暖，但至少我好看”，该广告语恰

---

[1] 林玉凤：“生态视野下的商业广告设计”，载《闽江学院学报》2012 年第 3 期，第 135 页。

[2] 宋玉书：“商业广告的生态伦理批评”，载《中国地质大学学报（社会科学版）》2011 年第 5 期，第 98 页。

恰说明了该公司缺乏生态伦理的人文关怀，在产品营销中缺乏生态意识，在其广告伦理之中没有考虑生态关怀。该广告最终招致社会公众的批评，广告主不得不承认“在广告语中欠缺考虑”。此外，在机场、酒店、商场、户外设置的商业广告，其广告设计也应该注意生态环境问题，不要造成噪音和光污染。

从商业广告的设计来看，传统的平面广告存在纸张浪费、印刷污染等生态环境问题。因此，生态化的商业广告设计应当强调化繁为简的信息传达，秉持自然简约的设计理念。如果一个企业在其商业广告或者形象广告中能够倡导环保意识，表达绿色理念，则不但有利于生态设计的推进，也有利于提升该企业在公众心目中的形象。如，BP 石油公司不仅将其公司商标设计成具有环保理念的“太阳花”，而且通过“石油一天天减少，太阳每天都会升起”“我们让挖掘机停下，让 5000 棵树的生命延续”等形象广告，呼吁人们尽量减少对能源产品的使用，纵然 BP 石油公司形象广告的动机仍以赚取利润为目的，但其将公司的使命和价值取向提升到关注生态环境、关注人类社会可持续发展的高度之上，在公众面前树立了良好的形象，最终达到了自己的商业目的。

此外，商业广告的设计要重视网络广告的绿色设计理念。相比于传统广告设计而言，网络广告对资源的浪费和对环境的污染要小得多。从制作过程来看，网络广告采用了更多的虚拟动画和交互技术来吸引公众眼球，比传统的实景拍摄减少了拍摄费用，可以减少资源的浪费并节省成本。但同时，网络空间的商业广告也应该秉持生态环境保护的理念，自觉承担起保护生态环境的宣传功能，在设计过程中也要注重色彩、音调、视觉等搭配，尽量避免消费者接受广告过程中的噪音与光污染。

四、著作权客体生态化的供给分析

（一）提倡多创作宣传生态环境保护的作品

首先，应多鼓励宣传生态环境保护的公益广告。公益广告是指企业或某个社会团体向社会公众阐明其对社会的责任，表明自己追求的不仅仅是企业或本团体的私益，而是如何解决社会问题或者生态环境问题。其与商业广告的主要区别在于具有非营利性，其目的是为社会公众切身利益服务，具有主题的现实性、表现的号召性、社会效益性等特征。公益广告可以采取《著作权法》中的多种“作品”类型形式，如文字作品、美术作品、摄影作品、电影作品或类似摄制电影方式制作的作品等。如，近年来出现了许多有关节约资源、保护生态环境的有创意的优秀公益广告，现举几个例子如下。

案例1：一组动画画面中，一对夫妇吵得天翻地覆，最后，丈夫不堪忍受，收拾衣物后离家出走。妻子如梦方醒，抱着几个孩子失声痛哭。不一会儿房门突然开了，丈夫出现在门口。丈夫回来了！妻儿正欲破涕为笑，谁知丈夫伸手关掉了墙上的开关，然后摔门并扬长而去。房内顿时一片漆黑。此时，出现字幕：“节约用电，人走灯灭。”这就是创意，一个出乎所有人预料的结局。这是俄罗斯有关节约资源的一个广告创意，完全达到了著作权法规定的“作品”保护条件。

案例2：一个保护热带雨林的公益广告。该公益广告揭示的是随着人类改造自然能力的加强，在以前的热带雨林地区相继出现了工业、农业、渔业、畜牧业等新兴产业，人类城市化的步伐也在不断加快。人类破坏热带雨林的能力随着贪欲的增加而增长，最终，热带雨林不断被蚕食，且正在加速消失。同时，再配以广告语“the more mankind evolves, the closer it gets to its extinction”（人类越进化，热带雨林越接近消失），振聋发聩，给人以极大的震撼。这些好的保护生态环境的广告创意显然属于著作权法所保护的“作品”范围，同时对我们生态环境的保护有很好的宣传作用。[1]

案例3：借助明星名人效应，拍摄保护生态环境的公益性广告，会收到事半功倍的效果。如姚明于2009年与美国野生救援协会合作拍摄的保护鲨鱼的公益宣传片，其中“没有买卖就没有杀害”的广告语，呼吁人们拒喝鱼翅汤，保护鲨鱼。成龙也是该协会野生动物保护行动——ACAP的国际形象大使，也与该协会合作拍摄了保护老虎的广告，指出“老虎不应该成为我们的食物和药物，它应该属于大自然”，并提倡我们应该抵制老虎及虎制品贸易。

（二）对于涉及保护生态环境的作品，国家应给予配套政策支持

许多鼓励生态环境保护的作品具有很大的正效应。其不但能给读者带来阅读和欣赏的愉悦，还能唤起人们保护生态的意识，促使人们更多地投入到生态环境保护

---

[1] 热带雨林保护公益广告，参见 http://www.itdream.com.cn/design-advertisement/45339.html。

的实践当中。然而很多鼓励生态环境保护的作品在市场中的销量有限，对创作者来说，花费的成本和精力却很大，这在一定程度上阻碍了部分保护生态环境作品的创作。如，某个企业要拍摄一部公益广告，必须支付相当的费用，要投入一定的人力物力，但是其宣传的主题并不是本企业的产品，而是保护生态环境这一社会公共利益，有时代表的是该企业所在行业对社会的责任，其结果便是其他企业搭了该企业的“便车”。保护生态环境的作品在经济学上更接近于“公共物品”，即其社会收益大且不具有非排他性，私人或市场不愿意提供。如果某个私人提供这种公共物品，在经济学上该私人的行为是不理性的，那么国家就应该给予相关的政策支持。

首先，国家可以承担某些有关生态环境保护作品的供给，成为该类作品的著作权主体。根据我国《著作权法》的规定，著作权属于作者，作者除了公民以外，还包括法人或者其他组织。在我国，政府机构属于机关法人，可以组织其工作人员或者雇用其他人员进行作品创作，并由该机构承担作品责任，那么该政府机构就被视为作者。在生态环境保护过程中，政府发挥着不可替代的作用，政府机构也有责任提供保护生态环境的作品，以加强其在生态环境保护方面的宣传教育工作。政府机构可以通过公益广告、文艺作品、书刊、音像作品等形式普及生态环境保护知识，加强全民生态环境保护的意识。如，2012 年，我国环境保护部开拍了《应对气候变化，始于足下》和《应对气候变化，就在开关之间》两部关注气候变化的公益广告，倡导公众绿色出行，在室内采用自然光源，减少空调和电灯的使用。两部公益广告呼应了当年世界环境日“绿色经济，你参与了吗”的主题，以唤醒公众转变观念和行为，选择绿色的出行方式与生活方式，节约能源，保护生态环境。2010 年，我国环保部联合陕西秦乐传媒有限公司出品了全国首部环境保护题材的影片《绿水》，该影片将枯燥的环保知识融入时尚、悬疑、幽默的日常小事之中，以老百姓喜闻乐见的方式宣传了生态环境保护的意义。

其次，政府可以采取购买、招标等方式提供生态环境保护的作品。有关生态环境保护的作品具有很强的外部经济性，符合“公共物品”的特性，政府有义务去提供这些产品。但是，如果单纯由政府机构来提供这一“公共物品”，则难以形成完善的竞争机制，政府直接提供公共物品的过程中会产生“寻租”现象并导致腐败行为。而我们应该明确，政府提供并不一定意味着政府生产，如，在美国，政府提供了国防这一纯公共物品，但是国防所需的许多物品是由私人部门生产的。政府的工作人员通常由政府任命，缺乏约束自身预算的压力，也没有削减自身成本的激励机制，无法做到自负盈亏，在公共物品的供给上经常会表现出数量匮乏、质量低劣等问题。如，2009 年，当时的中国铁道部在未经招标的情况下，花费 1850 万元制作了播出时间仅为 5 分钟的《和谐铁路》宣传片，播出后，公众均认为拍摄水平差，连铁道部也认为没有达到宣传效果，其背后隐藏的腐败等问题触目惊心。因此，我国政府在提供保护生态环境的作品方面，可以借鉴国外发达国家提供公益广告的一些做法。如，新加坡对公益广告的管理比较规范，具有很强的政府行为特点，具体的实施是由政府以招标的形式进行，确定中标的广告公司承办。其具体做法是：政府根据已确定的公益广告的内容和方案要求，在报纸等媒体上刊登招标广告，有兴趣的公司均可接洽详谈并制作标书。广告公司中标以后，由新加坡政府拨付资金，按照中标的方案自行运作，广告公司可以自行选择公益广告拟发布的媒体，以及发布的版面、时段和数量等。❶

再次，非政府组织（NGO）在提供保护生态环境的作品方面大有作为。非政府组织是由公民或其他主体为了某种目标而成立的社会组织，具有非营利性、自愿性、自治性、组织性等特征。其中的非营利性是指非政府组织是不以营利为目标，且获得的利润也不能在其所有者和会员之间进行分配，而只能用于实现组织的目标。非营利性使得非政府组织的活动具有公益性的特点，在一定程度上具有了公共部门的特性。布坎南在《公共选择理论》一书中认为：政府在提供公共物品过程中，由于其“理性经济人”和“内在冲动”的特质而产生了“目标错位”现象，会出现追求机构或个人的利益而侵害公共利益的现象。为了避免这种现象的发生，有必要引入竞争机制，使其他组织与政府展开竞争，以提高公共物品提供的效率。而非政府组织由于自身的特征，成为克服政府失灵、提供公共物品的理想主体。绿色和平组织、世界自然基金会（WWF）、地球之

❶ 董京生：“新加坡、日本公益广告基本情况”，载《中国工商管理研究》2006年第9期，第43～44页。

友（Friends of Earth）等都是世界著名的环保非政府组织。在我国，就有自然之友、中华环保基金会、中国野生动物保护协会、绿色家园志愿者等3000多家与环境保护有关的非政府组织，它们的一个重要活动就是开展生态环境保护的知识普及、教育、宣传等。环保非政府组织可以通过电视、广播、电影、广告、网络、时尚杂志、技术月刊、书籍来传播环境保护的理念，本书所提到的蕾切尔·卡逊的《寂静的春天》最初受到化学工业集团的指责和抨击时，就是环保非政府组织以强大的舆论提供了支持。世界自然基金会（WWF）所拍摄的环保公益广告数量多、质量高，给公众留下了深刻的影响，具有巨大而深刻的影响力，其倡导的“地球一小时”环保活动更是影响深远。而且，WWF与国内的《第一财经周刊》《万象》《环球企业家》《中国企业家》等众多媒体合作，奉献了众多的环保公益广告。如，在WWF 2006年拍摄的环保公益广告中，下水管道像一只枪口对着河中的熊，让我们明白了水污染是威胁动物生存的“杀手”之一。

（三）企业提供保护生态环境的作品是履行企业社会责任的方式之一

企业是以营利为目的，运用资本、劳动、土地、企业家才能等生产要素，向市场提供商品和服务，自负盈亏、自主经营的社会经济组织。但随着企业理论的创新和经济形势的要求，企业的社会责任越来越为人们所重视，即企业在自己的商业运行过程中要考虑可持续发展的问题，不但要关注自身的财务和经营状况，还要考量其对社会和自然环境造成的影响。企业要履行的社会责任中，最重要的一点就是要保护生态环境，减少资源的耗费，其中，企业进行相关的环保宣传、提供保护生态环境的作品也是其履行环保社会责任的主要形式之一。

企业提供保护生态环境的作品的方式有以下几种：拍摄有关本企业保护生态环境的宣传片；撰写有关该行业节能减排的宣传资料；在自身产品说明中加入环境保护或者无害化处理的建议；拍摄或撰写环境保护的公益广告；在企业厂区或者公共宣传场所张贴环境保护的宣传画；设计有关关注生态环境的企业标识；等等。如，壳牌公司将上海市某小学的孩子创作的环保漫画制作成2000年的小台历，免费赠予其组织的“美境行动”的孩子们、新闻记者和公司员工；并赞助出版了中国第一本《儿童环保行为规范》。又如，英国石油巨头BP为了树立“绿色”品牌，放弃了以往的“英国石油”公司和盾形的品牌标识，启用了新的太阳花标识，并简称为BP，代表着“不仅贡献石油”，将公司的使命和价值取向提升到关注人类可持续发展和环境保护的高度，并在其后的营销推广广告中讲述了公司对生态环境保护的承诺；在BP公司的中文网站中，BP公司的宣传也主要集中在绿色教育、可再生能源、环境保护等方面，“我们致力于通向未来能源的新航线”“让蓝天与我们相伴”等涉及生态环境保护的广告冲击着人们的视线，并通过中央电视台第二频道的《对话》节目宣传公司的太阳能产品。这些跨国公司通过宣传环境保护提升自身品牌的案例，值得中国企业学习和借鉴。

五、要注重研究著作权客体载体变化对生态环境的影响

此外，我们还应当看到，著作权客体载体的变化导致作品的形态发生了巨大的变化，主要表现为印刷作品——电子作品、模拟作品——数字作品、网络作品的嬗变。这种作品载体形式的变化，也对我们的生态环境产生了积极的影响，最直观的影响就是印刷用纸的减少，节约了一定的自然资源。但是，网络环境下作品（数字作品）的载体变成无形的电子脉冲时，会给著作权人行使权利带来新的问题，如对作者的发行权、复制权以及版权穷竭制度产生重大的影响，那么这是否会降低人们创造环保作品的积极性？同时，印刷作品与数字作品比较，在生态环保价值的推广、提高人们环保意识等方面孰优孰劣，现在也尚未有确定的结论。网络作品中的色彩、音频、视觉结构的设计是否能够有效规避噪声和光污染？这些问题都需要我们进行深入研究。

第五章

专利制度生态化的法经济学分析

第一节 生态社会需要“生态化”的专利法律制度

在当代，科技对经济的推动作用越来越大，科技创新已成为解放和发展生产力的重要基础和标志，科技创新也成为保护和改善生态环境必不可少的手段。在2014年12月召开的联合国气候变化大会第20次缔约方大会上，防治雾霾污染、应对气候变化成为人们热议的焦点之一，许多国家在科学技术研发与运用、政策完善方面持续不懈努力，在与雾霾斗争中迎来了胜利的曙光。与科技创新和技术进步联系最紧密的知识产权制度就是专利制度，专利制度是实现科技创新目的不可或缺的手段，它既能为生态环境保护的科技创新活动提供有效的激励机制，也能为科技创新成果应用于生态环境的改善提供法律保障。

一、生态社会背景下涌现出大量的“绿色技术”与“绿色产品”

随着生态文明的发展趋势，首先涌现出大量的环境友好型技术和产品，有人称之为“绿色技术”和“绿色产品”，高科技的“绿色化”就是要充分发挥现代科技的潜力，开发出促进人类社会可持续发展和保护地球生态环境的技术与产品。从宏观角度来看，“绿色技术”主要包括开发出不可再生资源的替代物，开发耗竭性资源的有效利用和再生技术，为企业和普通用户提供各种资源、能源循环使用和重复使用的技术，走一条降低环境公害的科技开发之路。如，2014 年美国制成全球效率最高的节能技术专利产品——太阳能高倍聚光光伏发电模组，依靠该技术的上网电价会低于每度 0.1 美元，会大大减少通过燃烧煤炭和燃油发电造成的雾霾污染，2014 年美国新的太阳能光伏发电技术专利应用取得了较大进展，光伏发电安装项目较上年增长 66.5%。此外，专利密集的新能源核电技术也在近几年得到了很大的发展。总之，绿色科技是一种保持人类社会可持续发展的科学体系，它注重自然资源的合理开发、保护、利用与增值，是发展清洁生产和无污染产业的技术支撑。

绿色设计是绿色科技的微观应用，它是一种为了解决产品在使用中无污染，产品使用后易分解、回收、安全处理与再利用而进行的设计，已成为绿色产品设计与制造的一项重要工程。如，在对产品的可拆解与再利用的“外观设计”方面，日本施乐公司的复印机、德国西门子公司的咖啡壶、日本的激光打印机、美国的个人计算机等都设计成了可拆开的结构，推动设计合理化，使得零部件能够充分利用。在产品包装的“外观设计”方面，很多企业对产品的设计和包装进行了研究，既要努力降低商品包装的费用，同时也要减少包装物对环境的污染程度。最常见的是被称为“绿色包装”的纸包装，这种纸袋的成分主要是天然植物纤维素，容易被土壤中的微生物分解，能重新加入自然循环。很多专家从仿生学的角度研究更多的生态化包装技术，如豆荚的“颗粒”包装、桔子的“缓冲式”包装、贝壳中珍珠的养护与收藏、鸡蛋的气室防震功能以及薄壳建筑式构造等，希望从中得出对产品进行生态化包装的新设计。❶

二、大量环境友好型技术的涌现需要专利法的保障和推动

要想持久地利用资源，加快有利于环境保护和生态平衡的新技术的研发，必须要有相关法律制度的保障。日本学者高仓成男认为：“环境问题不仅与技术有着密切关系，而且与以专利为中心的知识产权有着千丝万缕的联系。”❷ 现代工业社会中，与环境问题联系最紧密

---

❶ 李保宁：“席卷全球的绿色浪潮——国外绿色文明的十二种趋势”，载《国际展望》1998年第4期，第28页。

❷ ［日］高仓成男：“环境与知识产权的对立与调和”，tokugikon，2000年7月1日，转引自万志前、郑友德：“论生态技术创新的专利制度安排”，载《科技与法律》2008年第5期，第12页。

的是包括专利法在内的科技法规范族群。一方面，科技的运用是造成环境损害发生的原因，如，摩托、汽车、轮船、飞机等产品的发明和应用消耗了大量的不可再生资源——石油，其在运行过程中排放的大量二氧化碳给大气造成了严重污染；可以说，包括专利权在内的知识产权的不当应用是造成环境问题的重要原因。现实生活中许多受到专利法保护的产品或技术的不当使用可能成为消耗资源与污染环境的大户。然而从另一方面来看，目前解决环境污染问题的有效措施也离不开环境友好型科技的创新和应用，如耗油低的发动机或者更高效的污染排放物过滤装置等，而这些新产品或新技术的创新和应用也需要专利权的保护。

日益恶化的环境问题促使我们对专利制度进行反思，而知识产权制度特别是专利制度对促进“绿色技术”的创新和应用有着积极的作用。其一，鼓励“绿色技术”的创新。专利制度的最大功能在于鼓励创新，经济学家诺斯曾指出：“随着专利制度的建立，一套提高创新的私人收益率接近社会收益率的激励机制才被确立起来。”[1] 具体而言，很多国家规定了取得专利必须经过国家授权，通过授予专利权确认了相关“绿色技术”发明创造的产权归属，而专利权授予前的公开则避免了其他开发者的重复研究，减少了研究资源的浪费，可以科学有效地配置研发资源，提高了“绿色技术”研究开发的技术起点。其二，促进“绿色技术”的产

[1] ［美］诺斯：《经济史中的结构与变迁》，陈郁等译，上海三联书店 1994 年版，第 185 页。

业化应用。在现代社会，“绿色技术”在国民经济中越来越占据举足轻重的地位，这自然要求“绿色技术”成果的转化，为生产力提供制度保障。知识产权制度下的专利权制度正好满足了这种需要，它一方面为“绿色技术”的专利权人提供了实现其财产权的通道，使得专利权人获得了相应的报酬，可以激励其投入到新的“绿色技术”的创新中去；另一方面也为社会公众利用“绿色技术”提供了依据，协调了专利权人与使用人之间的利益，也对专利权人私人利益与公众获取知识的公共利益进行了平衡。

专利制度对“绿色技术”的创新和产业化的促进，具体体现为专利制度的生态化，它能鼓励更多的生态维护和修复技术的创新，制止无成本的抄袭和模仿，减少更多的“山寨”产品和技术，促使生态技术创新的外部效应内部化；最终，利用专利制度的生态化刺激环境友好型和资源节约型产品或技术的创新，达到保护生态环境的目的。

三、生态化的专利制度还能够控制某些对生态环境有高风险的新技术的应用，促进生态环境保护

技术创新为人类带来了巨大的利益，也为人类保护生态环境做出了重大贡献。但是，这种技术乐观主义的态度在现实中也遭遇了危机，因为新技术的创新越来越多地与风险联系在一起，许多新技术的创新也导致了资源枯竭、生态环境严重破坏。如，当前各国在新能源技术的重大突破方面，美国、中国等国家已经开始勘探开采页岩气资源，但是该活动可能导致水资源的耗费和污

染、地表和植被的破坏、噪音污染、温室气体排放等环境问题；又如，当前各国大力应用的核能技术虽然有安全、清洁、高效、来源广泛等特点，但是仍然会对环境造成严重威胁，核能技术应用过程中的任何差错或者疏忽都不亚于一场小型核战争，三里岛核事故、切尔诺贝利核事故、福岛核电站事故等给周边的生态环境造成了严重损害，就连核电站平常运行排放的放射性废水、放射性固体废弃物也需要科学处理。铀矿资源的开发造成的废水、废渣等污染也不能忽视，对铀尾矿处理不当将会污染农田和水体，对自然环境造成严重的影响。遗传过程中的一系列规律被揭示后，一系列操纵生命遗传进化的关键技术，如基因重组技术、细胞杂交技术、克隆技术等被科学家掌握，基因技术的飞速发展和广泛应用给人类带来诸多福音，但同时也带来了许多严重的生态环境风险如基因污染，进而给生态环境保护带来巨大的隐患。基因物质打破了原有的生态平衡，影响了环境质量；同时，转基因分泌的毒性物质可能毒死其他生物，由此造成滥杀无辜，直接危及生态平衡，且这种严重的环境污染影响大都是不可逆的。

要促进新科技的发展，除了需要专利权制度的保驾护航，还需要遵循相关生态环境保护的要求。“环境权要求以环境不受损害为技术标准，这一标准不仅是其他权利所没有的，而且是对其他权利的限制。”[1] 总之，许多新技术和新产品的创新和应用本身就是一把“双刃

[1] 吴汉东：“知识产权 VS 人权：冲突、交叉与协调”，载《中国知识产权报》2004 年 1 月 7 日。

剑”，如果管理得规范得当，则可造福人类；反之，将会给生态环境带来巨大的灾难。如何保持人类的可持续发展呢？对法律进行生态化的改造不失为途径之一。而作为鼓励科技发展的重要法律之一，专利法自然更需要进行生态化的改造，使得在利用专利制度促进新技术和新产品的创新和发展的同时兼顾生态环境保护。因此，控制可授予专利的新技术和新产品的范围、控制对环境有所污染的新技术的不当使用、在不损害生态环境的基础上保护和促进新技术专利等问题，是我们进行专利制度生态化所应该考虑的，也是国际知识产权制度应该关注的重点。总之，专利法制度的生态化不仅是生态文明建设与可持续发展战略的必然要求，也是科学技术生态化的重要途径。另外，从生态伦理学的角度来看，我们应该摒弃错误的“人类中心主义”的道德观念，树立正确的生态文明理念，与此同时，我们也应该重新审视以往专利权制度只注重推动科技创新的单一价值功能，而应当赋予其一定生态环境保护的价值功能。

第二节　生态文明视角下专利强制许可制度重构的法经济学分析

知识产权的垄断性，使得我们不得不面临这样一个悖论：“没有合法的垄断，就没有足够的信息生产出来；但是有了合法的垄断，又不会有太多的信息被使用。”[1]解决这一悖论引发的法律困境，就是在知识产权界定中

---

[1] ［美］罗伯特·考特、托马斯·尤伦：《法和经济学》，张军等译，上海三联书店1991年版，第185页。

贯彻平衡原则和精神，既赋予知识产权权利人一定的垄断权，又限制其权利的不当滥用。因此，在生态文明阶段，为了促进获得专利的发明创造得以实施，防止专利权人滥用专利权，促进更多环境友好型的新技术和新产品的应用，维护生态环境这一社会公共利益，专利强制许可制度、从属专利的强制许可、专利推广应用等都是打破以上悖论的制度，这也是以上专利法制度服务于生态环境改造的法经济学基础。

TRIPS 协议第 7 条和第 8 条虽然规定了强制许可制度❶，但是没有对“公共利益”作出规定，而是允许各国根据各自的实际情况来确定“公共利益”的范围和内容。“公共利益”虽然较早就被作为一个法律概念，但是非常抽象与模糊。各国经济、文化、政治上的差异与论述角度的不同，使得对“公共利益”内涵的理解各有偏颇，因此哈耶克指出，“作为一个整体，它不指向任何特定的具体目标，而是提供最佳渠道，使无论哪个成员都可以将自己的知识用于自己的目的”❷。关于治理生态环境问题是否属于“公共利益”的范围，就有不同的理解。如，巴西将公共健康保护、保护环境、满足营养需要，以及其他对本国技术、社会和经济发展

❶ TRIPS 协议第 7 条规定：“知识产权的保护与权利行使，目的应在于促进技术的革新、技术的转让与技术的传播，以有利于社会及经济福利的方式去促进技术知识的生产者与使用者互利，并促进权利与义务的均衡。”第 8 条规定：“成员可在其国内法律及条例的制定或修订中，采取必要措施以保护公众的健康与发展，以增加对其社会经济与技术发展至关重要之领域中的公益，只要该措施与本协议的规定一致。”

❷ ［英］弗里德利希·冯·哈耶克：《经济、科学与政治——哈耶克思想精粹》，冯克利译，江苏人民出版社 2000 年版，第 392 页。

具有根本重要性的问题都涵盖于“公共利益”的范畴之中。❶ 欧盟各成员国虽然对“公共利益”的解释各不相同，但对解决环境问题、控制疫情蔓延等理由达成了共识；美国也在《美国空气清洁法》中规定了可以强制许可控制空气污染的发明，《美国植物新品种保护法》也规定了可以强制许可有性繁殖的新植物品种。

尽管专利强制许可制度的理论研究可谓丰富，我国自1984年颁布《专利法》以来，也对专利强制许可制度进行了多次修改和完善，但是实践过程中没有发生过一例专利强制许可案例，在当前生态环境问题日益严重的背景下，我国第一例专利强制许可案例能否出现在与生态环境改善相关的领域值得人们期待。生态文明视角下的专利强制制度的重构就显得十分有必要。

一、生态环境的治理属于“公共利益”的法经济学分析

我国《专利法》尚没有规定公共利益的范畴，这给我们将“有利于生态环境保护”作为审查专利的标准设置了制度上的障碍。❷ 实际上，对于“公共秩序”“公共道德”“公共利益”等概念的内涵，各国及不同学说给出的界定非常类似，如，1977年《英国专利法》第1条第3款（a）项规定“发明的公开或实施一般有

❶ Presidential Decree on Compulsory Licensing, Paragraph 2, Article 2, Decree No. 3, 201 of October 6, 1999.

❷ 我国《专利法》第5条第1款规定：“对违反法律、社会公德或者妨碍公共利益的发明创造，不授予专利权。”

可能诱使违法、不道德或反社会行为发生的，不授予专利权”，但在列举“公共秩序”“公共道德”“公共利益”等的外延时相差甚远，而且基于时间、文化、经济的发展变化，同一国家对于同一概念的界定也在或多或少地发生变化。“公共利益”外延的不确定，为解读《专利法》第5条增加了更多的空间。此外，我国《专利法》对公共利益范畴的解释空白，也对能否将“保护生态环境，化解生态危机”的情形列入专利强制许可制度增加了制度上的障碍，也增加了对我国《专利法》第49条的解读空间。

良好的生态环境是人类生存和发展的基本条件，也是人类社会从事一切生产活动的物质基础，对生态环境的保护事关每个人环境权益的实现。尽管公民对环境公共利益享有某种权利，但是这种权利不是纯粹的私人环境利益，不能独立于环境公共利益。从该角度来看，保护生态环境利益具有公共性，运用法律来保护生态环境也并非为了私人利益。因此，“生态环境公共利益”可视为“公共利益”的下位概念，其具体的特征可概括为：(1）该利益与环境密切相关，是生态环境领域的公共利益。(2）公共性。生态环境公共利益代表着生态系统整体的功能利益，绝不等同于私人因享受生态环境保护带来的个人利益的简单相加。(3）福利性。生态环境公共利益对人类的公共福祉至关重要，因为它能满足人类对生态环境的基本需求。[1]

---

[1] 黄莎：“从利益平衡原则看知识产权制度生态化”，载《河南财经政法大学学报》2013年第5期，第116页。

针对专利技术的应用在一定程度上是可能造成环境污染和生态破坏，我国只在《环境影响评价法》第2条、第24条做了相关的规定❶，而在现行的《专利法》中没有涉及。因此，有专家学者建议，可将《专利法》第49条中的实施强制许可制度的原因解释为包括“生态环境存在现实或者可能的损害或者破坏的危险”❷。这样，我国以后在遇到生态环境面临紧急保护状态时，可以实施专利权的强制许可。当然，为了防止国家公权力以生态环境危机滥用专利的强制许可，还有必要制定具体的操作规范。

二、专利强制许可在治理生态环境问题上的具体适用——基于法经济学分析的角度

专利强制许可制度的生态化就是以公权力介入私人领域的形式，明确了专利技术承担生态环境保护的责任，并进而抑制专利技术对生态环境保护的负效应。对于生态技术专利的强制许可，不但大陆法系国家以法律规范的形式明确予以确定，英美法系国家也以判例法的形式予以确定，如，1934年美国上诉法院判决的一项

---

❶ 我国《环境影响评价法》第2条规定：“本法所称环境影响评价，是指对规划和建设项目实施后可能造成的环境影响进行分析、预测和评估，提出预防或者减轻不良环境影响的对策和措施，进行跟踪监测的方法与制度。”第24条第1款规定：“建设项目的环境影响评价文件经批准后，建设项目的性质、规模、地点、采用的生产工艺或者防治污染、防止生态破坏的措施发生重大变动的，建设单位应当重新报批建设项目的环境影响评价文件。”

❷ 黄德林、王国飞：“我国知识产权制度与生态环境保护：促进，冲突与协调”，载2010年《全国环境资源法学研讨会论文集》，第809页。

下水道污水处理专利技术侵权案例❶，就是早期的专利强制许可案例。我国《专利法》第六章第48~58条规定了“专利实施的强制许可”，其中与生态环境保护有关的是第48条第（2）项、第49条和第50条。❷ 立法与司法的实践证明，专利强制许可制度来源于公共利益对私人权益的“虎口夺食”，并最终得以胜出。但是，专利强制许可制度实施的阻力依然重重，以下就基于法经济学的公共选择理论对该问题进行简要分析。

（一）专利生态化强制许可制度具体适用中的“公共利益”难以界定和提供

当前，提供良好的生态环境这一“公共利益”在经济学上被认为是公共物品，很多有关公共物品提供的理论和实践是以以下假设为基础的：在民主社会，承认

---

❶ 在该案中，一审原告是一项污水净化系统的英国发明者，该发明是通过在普通污水净化系统和设备中加入新的生化科技而获得的一项下水道系统的英国专利，后又在美国获得专利。一审被告美国的 M Lwaukee 城，其在城市污水处理系统和设备中使用了与前述专利极为相似的下水道系统，一审法院判处 M Lwaukee 城专利侵权，并颁布禁止使用的禁令。一审被告为此上诉，上诉法院最后判定上诉人的行为侵权，要求上诉人给予被上诉人（一审原告）赔偿，但拒绝被上诉人的禁止令诉求，理由是：如果 M Lwaukee 城不能使用该下水道系统，该城将无法进行污水净化，结果将导致下游密西根湖的污染。See No 5001 Circuit Court of Appeals seventh Circuit 69 F. 2d 577; 1934 US App LEXIS 3600. March 2, 1934.

❷ 我国《专利法》第48条第（2）项规定，专利权人行使专利权的行为被依法认定为垄断行为，为消除或者减少该行为对竞争产生的不利影响，国务院专利行政部门根据具备实施条件的单位或者个人的申请，可以给予实施发明专利或者实用新型专利的强制许可。第49条规定：“在国家出现紧急状态或者非常情况时，或者为了公共利益的目的，国务院专利行政部门可以给予实施发明专利或者实用新型专利的强制许可。”第50条规定：“为了公共健康目的，对取得专利权的药品，国务院专利行政部门可以给予制造并将其出口到符合中华人民共和国参加的有关国际条约规定的国家或者地区的强制许可。”

个人是其利益的最好的判断者，即个人的真实需求是可以确定的，然后，通过某种机制使个人判断聚合成为集体决定，提供符合民意的公共物品。然而即使个人会诚实地表达对知识产权领域内“公共利益”的偏好，就一定能集聚成某种集体的“公共利益”知识产品需求吗?

在知识产品市场中，权利人是否提供某种知识产品是基于成本和收益之间的考量，其决策是以个人为基础作出的，个人可以为自己的行动作出决定。在政府部门中，基于“公共利益”的知识产品供给实质上是集体作出的，这个集体并不是指官员集体——因为他们并不是购买具有“公共利益”的知识产品的真正出资人，而是指由他们所代表的选民集体。但是，每个选民对于需要什么样的“公共利益”知识产品、提供多少具有“公共利益”的知识产品等问题，看法并非完全一致，这是因为个人在利益需要、偏好、收入等方面存在不同的境况，就会偏好不同“公共利益”的知识产品或不同的量。例如，有的人看重环境保护而希望增加基于“公共利益”的知识产品，有的人则看重经济效益以消除地区性的贫困，有的人则对公共健康安全的需求更高。

面对知识产权领域内“公共利益”的不同偏好和需求，政府需要采取一定的办法作出提供公共物品的决策，办法之一就是制定特定的投票规则，选择出一定范围和水平的具有“公共利益”的知识产品。目前，人们设计出一致同意规则和多数规则等投票规则。然而这些规则就一定能够选择出最优的具有“公共利益”的知识产品和数量吗?

一致同意规则要求在决定集体行动时需要得到每一个成员的同意，如果任一成员否决，则不能实施该行动，这种投票规则体现了对集体中每个成员利益的尊重，符合经济学的“帕累托最优”效率标准。但是，这一投票规则在运用到知识产权领域选择“公共利益”时存在严重的缺陷。首先，个人对知识产品的“公共利益”偏好不同，如果提供每一项具有“公共利益”的知识产品需要每一个纳税人一致同意，就需要耗费大量的时间和精力来说服每一个怀疑者。其次，一旦某个怀疑者认识到他有否决整个决策的威力，他将敲诈那些支持该决策的人。[1] 如果一个控制环境污染的具有“公共利益”的专利强制许可计划可以被一个人否决，那么这个人就可以抗拒的方式得到对其个人有利的项目，拖延投票并在整个过程中使自己牟利。这样，一致同意规则经常会出现达不成任何实质性协议的拖延和讨价还价的敲诈，最终很难有符合“公共利益”的知识产品供给，因此，一致同意投票规则在实践中较少推行。

多数规则与一致同意规则相比，容易使决策通过。但是，在知识产权领域的“公共利益”的选择过程中也会产生很多问题，最常被批评的就是“多数人的暴政”，多数人可能通过投票把自己的非正当意志强加给其他人。如，在一个贫困人口占多数的社会中，如

---

[1] ［美］保罗·萨缪尔森、威廉·诺德豪斯:《经济学》（第 12 版），高鸿业译，中国发展出版社 1992 年版，第 1181 ~ 1182 页。

果大多数人的偏好是“基于改善贫困生活的‘公共利益’实施专利强制许可”，那么少数基于“改善生态环境的‘公共利益’的知识产品供给的决策”将遭到摒弃。

然而即便这种易引起弊端的多数规则能够通过，其也是基于以下前提：个人判断能够通过多数规则聚合为集体决策。但是，这种前提可能是得不到证明的，对此举例可以说明。如，投票人甲、乙、丙对三个涉及“公共利益”的专利强制许可备选方案A（为了消除地区贫困）、B（为了治理某地环境污染）、C（为了保障某地公共健康安全）进行投票。甲的偏好顺序是C>A>B，乙的偏好顺序是A>B>C，丙的偏好顺序是B>C>A，那么想要依据三人投票在A、B、C备选方案中做出单一选择是不可能的。因为若在A和B之间选择，甲和乙选择A，丙选择B，按照多数规则，得出A>B；同样，若在B和C之间选择，乙和丙选择B，甲选择A，按照多数规则，得出B>C；按照传递性，最终的选择是A>B>C，A应该最终胜出。真实的结果是否如此呢？我们如果对A和C进行选择，则会发现甲和丙偏好C，乙偏好A，按照多数规则，应该是C>A，C胜出。这样，通过投票就无法得到一个确定的结果。而人们一旦知道我们是先在A与B之间选择，胜者与C进行比较，就会采取一些策略进行投票，使结果有利于自己。也许出现循环投票是应该能够解决的，只是我们尚未找到某种机制克服这个问题。然而肯尼斯·阿罗在《社会选择与个人价值》中的证明给我们泼了一盆冷水，他认为，不存在一个必然的方法，通过它可以从不同的个人偏好中得出一个单一的社会选择。[1]

综上所述，基于对公共选择理论的分析，生态环境这一“公共利益”难以准确界定，即便界定后也难以通过全体一致同意规则或多数规则有效供给，这使得专利技术生态化的强制许可制度在适用中面临“公共利益”很难供给的尴尬。

（二）生态化专利强制许可补偿标准很难准确

我国的专利法中虽然有专利强制许可制度，但是截至目前，尚未有具体案例可以借鉴和研究。究其原因，并不是我国对包括生态环境在内的公共利益维护得很好，而是该制度本身有许多难以真正实施的地方，尤其是难以确定专利权人被强制许可后的补偿标准。《巴黎公约》和 TRIPS 协议均未对专利强制许可的补偿标准作出具体规定，这既有各国经济财力差距较大的原因，也有该补偿标准确实难以准确判断的因素。TRIPS 协议第 31 条（h）项规定，以授权专利使用后的经济价值为基础，给予专利权人“充分”补偿；美国专利法中规定了“合理和完全”的补偿标准；我国专利法规定了补偿标准应为“合理”，这就有降低专利权使用费的意味了。虽然生态技术专利权人不许可其专利有赚取垄断利润之嫌，适用专利强制许可制度就是为了限制权利人的不合理要求，但也要避免专利强制许可费用过低的问题，否则不仅会损害

---

[1] ［美］肯尼斯·阿罗：《社会选择与个人价值》，丁建峰译，四川人民出版社 1987 年版，第 225 页。

专利权人的合法权益，也不利于环保技术的进一步创新。[1]然而如果补偿标准过高，则有可能伤及生态技术专利使用人的利益，损害其为“公共利益”使用生态专利技术的积极性，最终导致大量的生态技术“束之高阁”，难以商业化利用。

第三节　推进专利制度生态化的若干思考

一、专利权限制制度的生态化分析

在各国专利法的发展进程中，西方很多国家从发展本国经济和促进科技发展的需要出发，创制了对专利权的权能限制制度，具体包括先用权人制造和使用专利产品或方法的制度、权利穷竭原则、临时过境制度、为科学研究和实验使用专利的制度。其通过上述制度的实施，将专利权局限于一定的范围，从而实现专利权个人利益与社会公共利益的平衡，这些制度后来也被《巴黎公约》接受。

在此方面，出于保护生态环境的目的实施的有关平行进口行为[2]是否与“权利穷竭”原则相冲突呢？鉴于该问题的复杂性，作为目前对成员国约束力最强的知识

---

❶ 张孜仪：“论专利强制许可制度的生态化”，载《华中科技大学学报（社会科学版）》2011 年第 5 期，第 77 页。

❷ 所谓平行进口，是指未经国（境）内知识产权权利人的授权，将该权利人或其被许可人在国（境）外投放市场的产品向国（境）内进口，而该产品在国（境）内享有某种知识产权。参见杨雄文：《知识产权法总论》，华南理工大学出版社 2014 年版，第 135 页。与此相关的“权利用尽原则”，参见我国《专利法》第 69 条第（1）项——“专利产品或者依照专利方法直接获得的产品，由专利权人或者经其许可的单位、个人售出后，使用、许诺销售、销售、进口该产品的”。

产权国际公约，TRIPS协议也仍然把该问题作为少有的例外留给成员方自主决定；并且TRIPS协议强调不允许成员方在解决知识产权争端时援用协议的任何条款去支持或否定知识产权用尽问题，从而使得本来差距就很大的各成员立法在有关争端中产生了更大的矛盾。[1] 该问题尽管一直是知识产权法学的热门问题，但归根结底是一个贸易政策的问题。因此，不但不同国家针对“平行进口”是否合法的看法莫衷一是，就是在同一国家内，不同类别的知识产权制度也对此态度不一。如，依据我国《商标法》的规定，在商标领域产生的平行进口属于违法行为，且有相关的案例判定。如，在2009年4月24日，湖南省长沙市中级人民法院当庭审理宣判了一起特殊的知识产权案件。原告是以生产轮胎闻名的世界500强企业——法国米其林集团，被告是长沙市销售轮胎的两个个体工商户。2008年4月，原告发现被告经营销售侵犯原告注册商标专用权的产品，特向法院提起诉讼，请求被告赔偿其经济损失10万元。被告则认为，其销售的轮胎为原告在日本的工厂生产的正品，且该产品系被告合法取得，并没有侵犯原告的商标专用权。法院一审判决被告停止侵权并赔偿原告经济损失5000元。与此同时，我国《专利法》则直接规定了进口权也在首次销售中用尽，即平行进口在我国《专利法》范围内为合法行为。《欧盟竞争法》也规定了限制平行进口的措施，《中华

[1] 李玉璧：“平行进口的法理分析与立法选择”，载《西北师范大学学报》（社会科学版）2010年第4期，第124页。

人民共和国反垄断法》（以下简称《反垄断法》）第55条[1]也有相关的规定。

从经济学上看，只要有关治理环境污染的技术、设备或产品在不同国家存在价格差，就必然会存在国际产品贸易和技术贸易。因此，我们应根据《专利法》和《反垄断法》的规定，只要生态技术专利权人禁止平行进口，或者限制他人实施平行进口的，就应当认定为“排斥、限制竞争行为”，予以必要的规制。归结到专利制度的生态化上，我们都应允许其他经营者从正规渠道进口拥有专利权保护的技术、设备或产品，以促进生态环境治理技术的转移或应用。

同时，针对知识产权具有明显的时间限制，因为基于利益平衡原则，知识产权要在知识的生产、专有与接近之间达成平衡，最终得出这样的结论：知识产权制度应当在知识的生产、专有和接近之间达成适当的平衡。保护期限过短不利于科技创新，因为这会影响到发明人的积极性；保护期限过长则会因为独占而阻碍科技的发展。在严峻的生态环境保护面前，资源节约型、环境友好型的技术对于资源的可持续利用和环境问题的解决有着至关重要的意义，因此，可以考虑缩短该类专利技术的20年保护期，以利于该类技术的生态化转移和转化。当然，对于该类技术的专利权人利益的损害，可以通过经济补贴等形式予以补偿。

[1] 我国《反垄断法》第55条规定，经营者滥用知识产权，排除、限制竞争的行为，适用本法。

二、在《专利法》中增加生态安全原则

传统的专利法以功利性为基本理念，追求“经济利益至上”，调整的出发点集中在鼓励发明和创新、保护专利权人的利益上。传统专利法秉持保护专利权原则、鼓励发明创造与利用原则、平衡专利权人的私人利益与公共利益原则，缺乏对科学技术可能对生态环境造成破坏和影响的风险评估和控制措施，不符合生态经济学的要求。秩序是法的基本价值，但传统的法律观念关注的秩序只是人类社会秩序。在生态环境日益恶化的今天，传统的法律秩序观无法协调人与自然界之间的秩序，因此就需要将生态安全作为法的安全秩序中的一个环节。在知识产权制度的修改和完善过程中，要时刻考虑到环境问题，在知识产权制度生态化的趋势和要求下，可以在以往的专利法三大基本原则之外增加生态安全原则，以加强对科学技术和新产品创造过程中的生态环境安全及风险的评估和研究，严格控制科学技术给生态环境带来的负效应，将科技活动对生态环境的污染或破坏降到最低，对科学技术活动的开发和应用作出理性取舍。

三、增加“环保性”作为专利授予的实质要件

我国《专利法》规定，新颖性、创造性和实用性是发明和实用新型获得专利权保护的条件。然而各国政府从维护社会公共利益的角度出发，一般都在专利法中特别规定，发明如果违反了社会公共利益或者公序良

俗，则不能取得发明专利权。[1] 生态文明社会下的专利法的修改和完善，应该增加对专利的“环保性”进行实质审查，将严重有害于“自然资源和能源的节约”和“生态环境保护”等列为不授予专利权保护的标准之一，这样才能确保得到授权的专利不仅是有用和创新的，也是环保的。我国曾在 2001 年版的《审查指南》中规定，授予的专利不得严重污染环境、严重浪费能源和资源、损害人体健康。然而目前适用的 2010 年版《专利审查指南》却将以上排除性规定删除了，这样的修改显然不利于专利授权中环保因素的审查，不能不说是 2010 年版《专利审查指南》在环境保护功能方面的倒退。

将“环保性”增加为专利授予的实质要件，并不是说任何产品或发明只要有损环境或浪费资源就不能授予专利，而是看这项产品或发明是否严重污染环境、严重浪费资源和能源。从秉持“科技中立”的角度来看，很多发明和产品都是会污染到环境的，如果一概论之，统统不授予专利，则不利于科技的发展和经济的进步。针对审查“环保性”，相对于以前或同类产品或发明，新的产品或发明如果只是更具有新颖性、实用性和创造性，但是污染环境更甚，单位产品消耗资源更多，则不能授予其专利；同时，相对于以前或者目前同类的产品或发明而言，新产品或发明虽然不具有显著的新颖性和创造性，但是如果能够大幅降低能源或资源

---

[1] 我国《专利法》第 5 条第 1 款规定：“对违反法律、社会公德或者妨害公共利益的发明创造，不授予专利权。”

的消耗、显著降低对环境的损害，我们就应该支持授予其专利。

从经济学上讲，增加“环保性”作为专利授予的实质要件，是希望借助完善的专利法，促进环保科技的创新，从而实现保护环境和资源的目的。我们如果允许专利权制度促进“非环保”的新技术和新产品的创新，以促进经济的增长，然后再采用治理污染的技术去恢复遭受破坏的环境，则是对资源的极大浪费，对整个社会来说是重复的、无谓的、“翻煎饼式”的投资，会使整个社会的经济增长和环境保护处于两难境地，我们更不能靠污染环境和治理污染来增加 GDP。

四、对技术专利的审查和实施实行“环保性”评价制度

对技术专利的“环保性”审查，不同的国家采取了不同的评价和审查制度。如，英国知识产权局（UKIPO）对绿色技术的审查采取了针对不同技术领域要求不同的“环保性”原则，如，对于风力发电机组和太阳能发电板等技术专利申请，因为是与新兴产业相关的清洁技术，声明具有“环保性”就可以了；但是对于机器加工程序中节约能源的专利申请，因为属于传统产业领域，因而要对其节能原理和过程做详细说明。对于是否涉及环保，UKIPO 一般也不会进行详细调查和评价，但是显然没有根据的（如“永动机”）除外。而韩国知识产权局（KIPO）则要求必须要提交由 KIPO 指定的专利服务机构出具的现有技术检索报告，以证明其绿色技术的专利申请具有“环保性”。

我国在涉及环境方面的专利评审、审查过程中，可尝试引入环境影响评价公众参与机制。对与生态环境有关的产品或发明的“环保性”审查评价，可以采用不同的审查态度，如，对人们担忧很大的生物基因技术、转基因食品等的“环保性”要严格审查，而对一般科学技术、植物新品种等可以适当宽松审查。“环保性”的分类审查有利于当前生态环境问题的解决，阻止生态危机的进一步恶化。参与“环保性”评审的“公众”可以是环境影响评价专家库中的专家；也可以是热心于环保事业的普通公众，但最好有一定的环保知识。为了鼓励热心参与“环保性”评审的专家和普通公众，可以给予其一定的物质和精神奖励。虽然引入“环保性”评审的公众参与机制会额外增加评审的成本，但是这可以避免未来该技术对生态环境造成的损害，只要公众参与机制额外增加的成本小于未来治理该专利技术对生态环境造成损害的成本，在经济学上就是有效率的。

专利技术的市场化转化是知识产品对社会产生作用的实质性阶段，如果在其实施之前对其进行生态化效应评价，就能有效控制技术对生态环境造成损害的风险，是对生态环境进行保护的最佳时机。1990 年英国的环保法就有类似的规定，即新工艺产品运营前工艺操作者应先向皇家污染监督署申请对该工艺进行环境影响评价，获得授权许可后方可实施。[1] 同时，其在相关法律

---

[1] 万志前、郑友德：“知识产权制度生态化重构探析”，载《法学评论》2010 年第 1 期，第 45 页。

中对环保性技术标准进行了规定，以限制或杜绝危害、破坏生态环境的知识产权成果转化。

五、对符合生态化的专利及应用进行奖励或者补贴

（一）对符合生态化的专利进行奖励或补贴的经济学分析

传统观念认为，专利授权或应用的资源配置由市场决定，即专利授权及应用的价格由该市场的供求关系决定，更多地表现为专利的经济价值。但是，如果某个专利授权或应用具有改善生态环境的功能时，市场机制能否有效地配置呢？答案是否定的。以下就从经济学的外部效应理论进行分析。

当存在生态环境保护功能时，市场交易双方之外的第三者得到了收益，但该第三者因此获得的收益并没有在交易双方的决策中予以考虑。经济学用外部边际效益（Marginal External Benefit，MEB）来表示这种因增加专利授权或应用而给第三者带来的额外收益。如图 5－1 所示，在没有考虑生态价值这一外部效益时，该专利授权或应用的价格和数量由市场供求关系决定，即表现为边际私人收益 MPB（Marginal Private Benefit）决定的需求曲线和边际社会成本 MSC（Marginal Social Cost）决定的供给曲线，最终表现为 Pp（均衡价格）和 Qp（均衡数量）。然而如果考虑该专利的生态功能价值，即考虑该专利给社会带来的额外收益时，整个社会对该专利的需求量将会移动到边际社会收益 MSB（Marginal Social Benefit）决定的需求曲线上，该专利授权或应用

的价格和数量将由 MSB 决定的需求曲线和 MSC 决定的供给曲线所决定，最终表现为 Ps（均衡价格）和 Qs（均衡数量）。两者比较，我们可以得出结论，当存在生态环境保护这一正的外部效应时，专利授权或应用将会出现不足状态。因此，我们如果能够对专利授权或应用的生态环境功能给予补偿，则会弥补短缺的数量，进而消除外部效应。

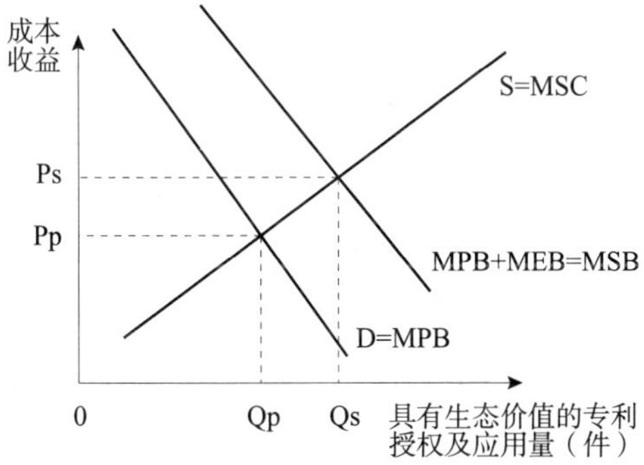

图 5－1　具有生态价值的专利授权及应用与资源配置示意图

（二）奖励或补贴具有生态价值的专利的具体措施

激励符合生态环境保护的发明专利并非只有专利法这个唯一途径，相关的创新激励机制也可达到激励发明创造的目的，如与专利制度相辅的“专利奖惩制度”。按照该制度的设想，国家支付相当于社会价值的金钱补偿给专利权人，然后其专利收归国家所有，进入公共领域，众人皆可使用。设置该制度的初衷是因为许多专利的独占导致了某些技术领域的不良社会影响，如因“专利丛林”而影响技术创新的特殊领域，如涉及公共卫生健康的制药领域等。在此，对于涉及生态环境安全的技术领域，我们也可以考虑适用“专利奖惩制度”，以避免更多的专利处于“沉睡”状态。

另外，还有与专利制度相关的“发明激励制度”，即国家有关部门对科技成果的经济效益和社会效益进行评估后，由国家给予物质和精神激励，名义上该发明成果的所有权属于国家，实际上人人皆可无偿使用。对于涉及生态环境治理的发明创新，可以多适用该项制度，以促进更多治理生态环境的发明创造。

最后，还要注重生态化专利技术的应用。如，在绿色建筑中包括很多新的技术应用，这些技术在公共建筑和商业项目中的应用率较高，如智能化系统、绿色照明使用率能达到90%以上；但绿色建筑的新技术在居住建筑中的应用并不高，如太阳能热水系统、可调节外遮阳等只有30%的利用率。从经济学的角度分析，公共建筑和商业项目大多由物业统一管理并承担运营成本，所以技术的应用率相对较高；但是居住建筑则由每个住户自行管理并承担费用，所以针对节能设备和技术觉得投入成本高、运行管理复杂而较少采用。对此，政府应该对普通住宅的绿色技术和设备给予一定的财政补贴，从而使生态化的专利技术和产品得到更多的应用。

六、对符合生态化的专利技术申请予以支持

生态环境问题的解决在很大程度上依赖资源节约型、环境友好型技术的创新与发展，知识产权制度应该对该类技术的创新提供制度保障。对于专利法来说，可

以缩短该类技术专利申请的时间周期，避免因审批时间周期过长而影响该类技术的推广应用，知识产权局可以开辟“绿色专利审查通道”，为此类技术的专利审查提供快速通道。美国专利商标局（USPTO）在2009年试行了绿色技术专利申请加速审查项目，参与该项目的绿色发明需要在实质上有利于可再生能源的改进或发现，有利于能源的有效节约和利用，有利于温室气体的减排。相比于以往专利技术领域40个月的审查周期，新的绿色技术专利的审查周期将压缩为12个月内。通过实行绿色技术专利审查加速项目，美国旨在加快绿色技术领域的开发，增强其在关键领域的竞争力。[1] 而韩国则在同年推出了针对绿色技术的“超快速审查程序”，通常韩国知识产权局（KIPO）审查一项专利的平均周期为17个月，但如果适用“超快速审查程序”，该审查期限将会缩减至1个月左右，一家公司的“太阳能开发体系”曾创出从申请到注册仅用了11天的最快纪录，因而该审查程序被称为世界上最快的审查程序。[2] 我国知识产权局也在2012年施行了《发明专利申请优先审查管理办法》，其中有关于绿色技术专利的优先审查程

---

[1] 李丽娜：“美国专利商标局加速‘绿色’专利审查”，载《中国知识产权报》2009年12月28日。

[2] 对于“绿色技术”的定义，《韩国专利法实施令》第9条规定：“绿色技术是指节约和（或）高效利用能源或资源，将温室气体排放和社会经济活动中的污染物质降到最低的技术。”《韩国超快速审查指南》将绿色技术分为两类，一类为防止或控制污染的技术（共7类）；另一类为获得韩国政府或者韩国金融机构资助的技术，或已获得韩国政府部门的技术证书的技术。参见陈琼娣、余翔：“若干国家绿色专利加速审查的实践与启示”，载《中国科技论坛》2013年第2期，第148页。

序，并规定了1年审查周期。[1] 这对于创新“绿色技术”是一个很好的举措，此后还应该建立“绿色技术”领域的分类号，采取设立专门化的审查机构或配备专业的专利审查员等配套措施，以真正促进绿色技术的创新。此外，还可以对此类技术专利的申请审查费用予以减免，或者给予一定的财政补贴，以鼓励该类技术的创新和应用。

[1] 《发明专利申请优先审查管理办法》第4条规定：“可以予以优先审查的发明专利申请包括：（一）涉及节能环保、新一代信息技术、生物、高端装备制造、新能源、新材料、新能源汽车等技术领域的重要专利申请；（二）涉及低碳技术、节约资源等有助于绿色发展的重要专利申请；（三）就相同主题首次在中国提出专利申请又向其他国家或地区提出申请的该中国首次申请；（四）其他对国家利益或者公共利益具有重大意义需要优先审查的专利申请。”

第六章

商标法制度生态化的法经济学分析

第一节　商标生态化的趋势

商标是某个经营者提供的商品或服务区别于其他经营者的标记。商标的起源要远远早于其他的知识产权保护客体，古代的工匠们就将自己的签名或“标记”印制在自己的手工作品中，如，北宋“济南刘家功夫针”就以一只白兔图案作为标记。该标记设计的最初目的是为了吸引消费者的目光，鼓励消费，并尽可能地扩大生产以得到更多的利润。因此，各个商家都在商标设计中下足了功夫，商标的设计既要包含商品和企业的信息，还要注重色彩、构思、文化特色等，也要顾及各国的风俗禁忌。

商标可以使“生活的逻辑”改变成为“资本的逻辑”，商标制度中的原产地标记、货物品质和特征的标记说明能够影响消费者的行为，可以帮助他们在具有不同环境影响的产品中做出选择，进而对我们的生态环境产生影响。另外，商标制度中环境标志的推广和结合，能够在市场中推广环境友好型和资源节约型的产品，引导消费者选择绿色产品，也给生产、提供、销售绿色产品和服务企业增加了新的竞争力。如，BP 公司是世界上最大的石油和石化集团公司之一，其在自身实力发展壮大的过程中，也给石油开采地的生态环境造成了极大的破坏，尤其是漏油事故造成的严重后果受到当地居民和环保主义者的谴责，而清理原油、赔偿损失和修复生态环境则是一项浩大的工程，为此，BP 公司损失惨重。BP 公司为了挽回自己的声誉，体现公司对生态环境保护的重视，首先从修改自己的商标开始。2000 年，BP 公司启用了新的公司标识，该标识由一个绿、黄、白三色组成的太阳花和绿色的 BP 字母组成，太阳花的原型来自古希腊神话中的太阳神，体现了 BP 公司的业务由传统的石油开采开发拓展到太阳能、天然气等清洁能源的开发领域，彰显了企业追求健康环保的理念。

一、工业文明时代的商标设计忽视了商标的生态价值

在工业文明时代，商标的设计除了完成其区别于其他经营者的功能外，更具有功利性和世俗性，专注于商业化和享乐主义的追求，变成了生产者推销其商品的

“赤裸裸”的工具。该时代商标的设计主要在于诱导消费，将自己生产的产品推销出去，而对自身设计带来的不利后果则避而不谈，缺乏对商标生态价值的关注。如，壳牌石油公司最早的商标就是一个黑色的扇贝型标志，表达的是其公司最早从事的贝壳装饰品和煤油贸易，后来加上的红色与黄色只是为了获得加利福尼亚地区西班牙裔的好感（因为西班牙国旗的颜色由红黄两色组成），其商标本身并没有考虑该构思所应传递的生态关怀。与此同时，与产品商标相关的包装和装潢也越来越过度，造成了生态环境的破坏和资源的浪费。因为WIPO中列举的知识产权种类既包括商标，也包括厂商名称和标记的权利，知名商品特有的包装、装潢只要有显著性和识别性功能，也应该参考商标法予以保护。因此，如果任由这种商标和包装设计理念持续下去，那么商标和包装的设计将不会考虑生态环境的因素，这样的设计理念和后果将是岌岌可危的。

二、生态文明时代的商标设计更关注生态价值

在生态文明时代，人类社会的理念开始转向尊重传统、注重人与自然界的和谐相处、关注人性、强调人文素质。此时的商标设计已不是简单地追求商业利润，而是追寻人与自然、社会的和谐发展。商标的设计除了要展示商品的必要信息外，还要在绿色、环保、生态的理念下适当吸收这些方面的要求，促使消费者理性消费，遏制人类对环境和资源造成的伤害。

（一）生态文明时代的商标设计将趋于生态化

在商标设计的材料方面，也要使用环保材料，如

现在商品包装多使用纸质材料，但现在很多纸张的来源是林木，生产过程是重污染的，对环境的影响也很大。对此，可以采用新的纸质来源，如最新的“石头造纸”技术。目前的绿色设计是以“环境友善技术”为原则指导设计的，讲求设计与自然界和人类本身的和谐友好，它是在生态美学的思想指引下，认真考虑当今地球有限的资源，符合人类可持续发展的需求。[1]我们常把符合生态美学的商标称为“绿色商标”，虽然“绿色商标”在理论和立法上没有明确定义，但在生活中已被消费者广泛接受，如我国国家工商行政管理总局商标局曾多次举办“消费者最喜欢的绿色商标调查”，海尔、大宝、农夫山泉、曲美、李宁等100多个企业的商标脱颖而出。[2] 未来的商标设计要以生态美学的思想为指导，以自然的、环保的、人性化的设计为典范，这是我们解决当前问题的途径。

此外，与绿色商标相关的设计理念实际上古已有之，如，古代中国人就常用各种生态材料作为商品的包装，用葫芦装酒、荷叶包肉、竹篓装鱼等，这些都反映了我国劳动人民朴素的生态包装理念。当今世界各地的居民在选择建筑设计材料时，很多也是因地制宜，选用符合当地气候、湿度、温度的环保材料，做到冬暖夏凉、入住适宜。

---

[1] 凌继尧：《艺术设计十五讲》，北京大学出版社 2006 年版，第 206 页。

[2] 熊英、别智：“绿色产业与绿色产品、绿色商标”，载《中华商标》2010 年第 11 期，第 24 页。

（二）生态文明时代出现了大量“绿色”证明商标

证明商标[1]与普通商标的区别主要有以下几点：（1）证明商标的注册人必须是对某种商品或服务具有检测和监督能力的组织；而普通商标可以由自然人、企业或其他组织注册。（2）商标主管机构审查普通商标注册人的主体资格时，只审查其是否真实合法，并不审查其能力；但对证明商标注册的审查则既要审查其主体是否真实合法，还要审查其是否具有相应的检测与监督能力。（3）普通商标的注册人注册商标主要是自己使用；而证明商标的注册人则不能自己使用该商标，且不得以该商标作为牟利的手段。（4）普通商标的注册人可自主决定许可或拒绝他人使用该商标，也可以转让自己的商标；但证明商标的使用条件是公开的，证明商标的注册人不能拒绝已符合该商标使用条件的企业或个人的使用。此外，证明商标权并不需要特别的创造性、实用性等要件，只需登记注册即可，其可以续期，不受知识产权期限的限制，效力具有持续性。

证明商标的类型主要有两种：一种是原产地证明商标，即地理标志，证明该商品或服务出自某一原产地，如“桂林米粉”“安溪铁观音”。另一种是品质（质量）证明商标，是证明某商品或服务具有某种特定的品质（质量），如“纯羊毛标志”“绿色食品”等。

[1] 我国《商标法》第3条第3款规定：“本法所称证明商标，是指由对某种商品或者服务具有监督能力的组织所控制，而由该组织以外的单位或者个人使用于其商品或者服务，用以证明该商品或者服务的原产地、原料、制造方法、质量或者其他特定品质的标志。”

关于地理标志生态化的问题，本书将有专章论述，在此不再赘述，因此，此处主要论述品质证明商标的问题。

在生态文明时代，出现了大量的“绿色”品质证明商标，这是商标变化的主要趋势之一。大量的“绿色”品质证明商标出现在食品领域，如图6－1所示的“绿色食品”“有机食品”“无公害农产品”标志。以“绿色食品”证明商标的设计为例，它是由中国绿色食品发展中心在国家工商行政管理总局商标局注册的质量证明商标，主要注册于食品类。该商标由三部分构成，即上方的太阳、中间的蓓蕾和下方的叶片，象征着自然生态；图案整体为绿色，象征着生命、农业和环保；整个图形为正圆形，意味着保护和安全。整个图形描绘了阳光照耀下的勃勃生机，告诉人们“绿色食品”是来自良好的生态环境，是安全、无污染的食品，能给人们带来蓬勃的生命力。“绿色食品”这一证明商标还提醒我们要防止污染、保护环境，要改善人与自然界的关系，创造自然界的和谐。

绿色食品标志　　有机食品标志　　无公害农产品标志

图6－1

另外，为了表明商品在生产和使用过程中符合环保要求，对人类健康和生态环境无损害，世界各国及区域性国际组织注册了品类繁多的环境标志（或称生态标志），如中国的“中国环境标志”、加拿大的“白鸽与枫叶”环境标志、欧盟的“生态之花”（EU Flower）环境标志、德国的“蓝色天使”（Blue Angel）环境标志、北欧的“白天鹅”（Nordic White Swan）环境标志等。图6－2所示的“中国环境标志”，整个图形由中间的绿水、青山、太阳和周围的十环组成，图形的中心结构表示人类赖以生存的环境，周围的十环环环相扣、紧密结合，表示公众共同保护生态环境。截至目前，“中国环境标志”已经在家电、日用品、办公用品、建筑装修材料、纺织品等领域开展了产品认证，总共有上千家企业的2万余种产品获得了“中国环境标志”认证。图6－2所示的“加拿大环境标志”，则由3只盘旋飞翔的白鸽组成的一片枫叶构成，枫叶代表加拿大的环境，3只白鸽则象征政府、产业、商业3个主要的生态环境保护参与者，图案上下分别用英语和法语书写了“环境选择”的字样；图6－2所示的“欧盟环境标志”，因外形为花卉而被称为欧盟“生命之花”或“生态之花”（EU Flower），图案整体为“蓝星绿叶”，中间的“E”是欧盟的简称，它是为了解决产品生态化认证的重复困扰，实现了生态产品在欧盟各成员国认证的目的。总体上，环境标志作为官方的证明商标，不但表明使用该商标的商品质量合格，而且在生产、使用和处理过程中符合环保要求，与同类商品相比，具有节约资源、低毒少害的优势。

中国环境标志　　加拿大环境标志　　欧盟环境标志

图 6－2

此外，很多国家或国际环境组织所认证的“绿色”环境标志，可以使得销售商品获得“绿色环保”的形象，彰显了消费者爱护生态环境的形象。厂商积极申请使用“绿色”环境标志，也有助于提高该商品的价格和销量，同时彰显自身投身于生态环境保护的企业形象。

第二节　商标法生态化的法经济学研究

一、商标制度生态化的法经济学研究

（一）消费者行为理论要求商标设计向“生态化”转变

根据民意测验，很多发达国家的消费者更愿意挑选和购买贴有“生态化”商标的商品，对获得环境标志认证的产品更加青睐。据 2004 年德国环境数据服务公司（ENDS）的《环境标志，欧洲的绿色产品管理》研究报告指出，环境标志提升了消费者的环保意识，强化了消费者对环境保护产品的购买意愿。同年，中国

广州联建资讯中心对23085名广州市民进行调查显示，有81.7%的受访者完全愿意为购买有益于环保（特别是饮食环境和居室环境）的产品而花费更多的钱，15.5%的受访者表示在经济条件许可的条件下比较愿意购买有益于环境的产品，只有2.8%的受访者表示无所谓。出现这种现象的原因就是消费者行为理论中的消费者剩余原理，消费者剩余是指消费者在购买商品过程中愿意支付的价格与实际支付价格的差额，它是一种心理满足，并不表现为实际收入的增加。但是，在购买商品时获得的心理满足越大，则消费者幸福感越强。

图6－3就比较了消费者购买普通商标与生态商标纺织品的消费者剩余。虽然普通商标的纺织品价格较低，但是消费者对每一单位该商品的评价即边际效用（MU）也较低，即消费者愿意支付的价格就越低，当普通商标纺织品的价格与消费者愿意支付的价格相等时，消费者的剩余总和最大，即在$P_{普}$的价格水平下，消费者愿意购买的最大数量为Q_1；而对于生态商标的纺织品，虽然价格较高，但是消费者对每一单位该商品的效用评价即边际效用（MU）也高，人们愿意支付更高的价格去购买，当生态商标纺织品的价格与消费者愿意支付的价格相等时，消费者的剩余总和最大，即在$P_{环}$的价格水平下，消费者愿意购买的最大数量为Q_2。两者比较，消费者更青睐于具有生态商标的产品，且$Q_2 < Q_1$，说明消费者的选择节省了更多的资源，有利于生态环境的保护。

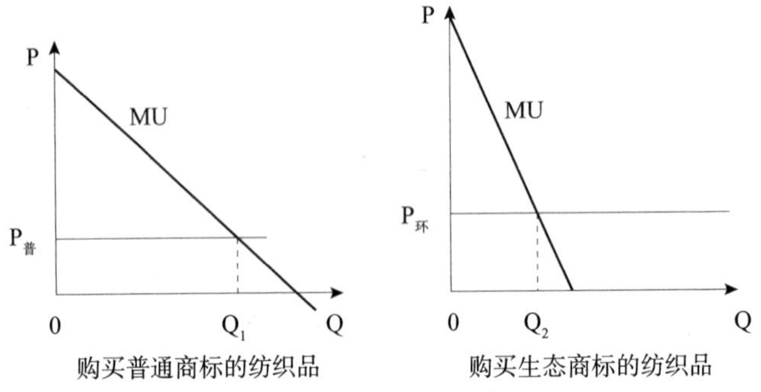

图 6－3　消费者剩余比较

（二）“生态化”商标可以部分消除消费者选购绿色产品时的信息不对称

信息不对称（information asymmetry）是造成市场失灵的原因之一，它是指市场交易各方所掌握的可影响交易的信息不同，进而引起逆向选择（adverse selection）❶和寻租行为。最终的市场结果是，对于某些对环境有利的产品，消费者因为对其质量、产地、工艺等信息了解不够，而不愿意购买这些“环境友好型”的产品，并进而导致“劣币驱逐良币”的现象。对于生产“环境友好型”产品的厂商来说，必须要说服消费者，使其相信该产品是高质量的，是对环境保护有益的，否则便有可能被低质量、对环境保护有害的、低价格的产品挤出市场。

图 6－4 就形象地说明了一般市场中因为信息不对称而产生的逆向选择问题，经营者完全了解自己产品的

❶ 逆向选择，就是在信息不对称的情况下，由于交易一方无法观察到另一方重要的商品特征，交易市场上出现的劣币驱逐良币的现象。

质量，知道自己的产品是否是环境友好型的，并具有确定的供给曲线 S。但是消费者并不了解自己购买的商品中哪些是普通产品，哪些是对环境有益的产品，只能根据自己所购买的产品的实际质量，事后确定一条“平均”的市场需求曲线 D_1。需求曲线 D_1 与供给曲线 S 确定的市场价格为 P_1，此时普通商品具有超额利润，但是环境友好型商品亏损，只能退出市场。由于环境友好型产品退出市场，市场产品的“平均”质量下降，需求曲线 D_1 向左平行移动到 D_2，此时市场上该类产品的平均价格下降到 P_2。这说明，由于信息不对称而产生的逆向选择，使得普通产品驱逐了环境友好型产品，最终破坏了市场。

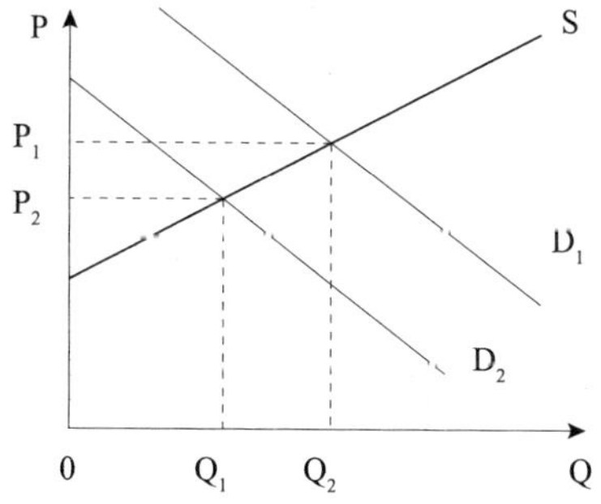

图 6－4 信息不对称条件下的市场逆向选择

在现实中，为了传递产品的质量信息，很多厂商为了减少信息不对称所带来的问题，都在从事市场信号传递（market signaling）的活动，商标便是从事这项活动的最好方式之一。经营者通过设计“生态化”的商标，或者取得环境类标志认证，将自己的“环境友好型”产品与普通产品区分开来，并因此以更高的价格出售。

因此，“生态化”的商标可以向消费者传递这些商品的信息，使消费者知道哪些商品是有益于环境保护的，进而引导消费者购买、使用这些产品。

虽然绿色消费是未来消费趋势，生态经济是21世纪的朝阳产业，但是绿色产业在我国的发展尚处于初级阶段，尤其是在很多经济落后地区，绿色消费尚处于朦胧状态，人们的购买意愿不强烈，也缺乏辨别绿色产品的知识和能力。生态化商标以及环境标志的使用，可以部分消除消费者对商品的不对称信息，有利于培养消费者对绿色产品的消费意识，并进而促进他们更多地购买绿色产品。多个国家推出生态标志后，已经有越来越多的消费者了解并接受，如，在日本，53%的消费者知道生态标签；在新加坡，有一半以上的人知道生态标签；在挪威，认识“北欧白天鹅”标志的人从12%增加到66%。

（三）商标制度的生态化丰富了生产者行为理论

首先，消费者是市场的“上帝”，消费者消费倾向的变化也会深深地影响生产者的行为。社会公众环境保护意识的提高，影响了制造商和经销商的生产经营理念，推动着他们生产和销售有利于环境的产品。同时，消费者的选择和市场竞争，可以引导企业自觉使用清洁工艺，遵守法律、法规，多生产对环境有益的产品。日本30%的制造商认为，获得环境标志认证的产品要比没有获得环境标志认证的产品更易销售。

其次，生产者的产品获得相关的环境标志认证，表明其在供应、使用、处置（“从摇篮到坟墓”）等各环节中符合环境保护的要求，与同类产品相比具有节约资源、低毒少害、绿色节能等优势，可以更好地吸引消费者。如，在德国，某企业推出了一种不含镉、汞等有害物质的电池，在获得德国“蓝天天使”环境标志认证后，销售额迅速从10%提高到15%，出口英国不久就占据该类产品10%的市场份额。另外，企业严格按照环境标志认证的标准进行产品质量管理，可以更好地树立企业“绿色”经营的理念，可以进行企业经营流程再造工程，增强企业在市场中的竞争力。

再次，生态化的商标彰显了经营者的社会责任，可以提升企业的社会形象。对于企业来讲，推进自身的节能减排工作，降低温室气体的排放，降低产品使用过程中对环境的负面影响，就是企业履行社会责任的表现。如，2000年BP公司将其商标改为绿色底色和太阳花的组合，表明了公司开发清洁能源、提倡绿色环保的理念；2011年，华为Tecal服务器产品获得了中国环境标志产品认证，表明了该公司注重环境保护，积极履行社会责任；在日本，有55%的经销商认为申请环境标志认证有利于提高其产品的知名度。

（四）商标制度的生态化有利于市场对生态资源的优化配置

首先，应用生态化的商标及环境标志这一经济手段，可以调动消费者与生产商、经销商的环保积极性。众多生产商和经销商将购买需求作为一种环境保护工具，可以促使其从产品的供应链到产品处置的各个阶段都注重环境保护，并以此来重新检查其产品周期，最终达到防止污染、保护环境、增加效益的目的。其次，生态化商标及环境标志的应用有利于资源从“计划行政配置”到“市场自主配置”的改变。知识产权法律制度是商品经济和科学技术发展到一定阶段后对知识资源进行市场配置的最佳制度，商标使用不单纯是一种识别性的行为，也是一种资源配置的经济行为。以环境标志为例，它使得环境管理的手段从“行政管理”走向“市场引导”，因为环境标志制度采用自愿原则，是否申请由企业自主决定。它通过市场经济中消费者的驱动，促使生产者采用更高的环境标准，采用更清洁的生产工艺，自觉调整产品的结构，多生产对环境友善的产品，最终实现节约资源、保护环境的目的。

（五）商标制度生态化有利于促进国际贸易发展

在保护人类健康与生态环境的旗帜下，在国际经济贸易中，发展中国家进入国际市场要面临更加严格的“环境壁垒”阻碍。这主要有“绿色关税”和“绿色技术标准”，前者是以保护环境为由，对影响生态环境的进口产品加征额外的关税；后者是发达国家以保护环境为名，制定严格的强制性的环保标准，以限制外国商品进口。如，欧盟就启动了一项 ISO 14000 的环境管理系统，要求进入欧盟的产品从原料采购、制造、销售、使用及最后回收阶段都要达到规定的技术标准，是否达到该环保技术标准就是以是否取得相关的环境标志认证进行判断的，而环境标志的本质属性就是证明商标。如，以服装行业为例，欧美等发达国家制定了若干环境标志制度，以保证进口的纺织品经过检验且不含有害物质，并在包装或标签上做出明显的标志。因不符合环保要求，我国每年约有 74 亿美元的纺织品被限制出口，因此，获得 CQC 生态纺织品认证是我国纺织、服装行业破除“绿色壁垒”、走向国际市场的通行证。

二、商标法的生态化符合“生态文明”的发展理念

进入工业文明时代后，人类赖以生存的地球遭到严重的破坏，并直接威胁到人类的生存和发展。美国的盖普洛民意调查发现，绝大多数人认为环境保护比经济增长更有意义，人们的消费观念开始发生变化，绿色消费已经成为当今消费的时尚和潮流。在全球保护生态环境浪潮的冲击下，21 世纪的人们更加崇尚自然、健康的消费理念。

在生态文明社会中，消费者更加青睐于带有环保和绿色标志的产品，对注重环境保护的企业标识自然欣赏有加。根据国外机构调查，80% 的德国人在购买商品时会考虑环境问题，77% 的消费者表示企业的环保形象（环境保护企业标识和产品商标）会影响他们的购买行动。欧美国家中，有半数以上的消费者在购物时会考虑产品的“绿色程度”，并愿意多支付 30% ~100% 的费用。美国政府在采购装修材料与办公用品时，必须选择带有“能源之星”标志的产品。日本也通过了《绿色采购方针》，建立了本国的绿色采购信息咨询和交流体系。[1]

在生态社会中，要区别普通商品与环境友好型商品，要体现商品资源节约和对环境友好的特性，要进一步提高人们“绿色消费”的意识，而“商标的生态化”可以实现以上功能。同样，“自下而上”的绿色浪潮也

---

[1] 王怡洁：“绿色浪潮正席卷全球——从国际绿色动向看中国建材工业的未来”，载《中国建材报》2013 年 6 月 21 日，第 3 版。

在促使我们对《商标法》变革的思考，使其适应生态文明的要求，以推动绿色产业的发展和壮大。

第三节　推进商标法生态化的若干思考

一、鼓励企业设计“绿色商标”，申请使用与环境标志有关的证明商标

在消费者日益关注绿色节能环保产品的时代，要突出产品的环境友好性，企业必须要对自己的商标进行生态化的设计和改造，因为商标的特征之一就是时代性，商标的设计也必须符合生态时代的发展，在适当的时机进行合理的调整，以避免被时代淘汰。商标是以文字、字母、图形、数字、颜色、三维标志等要素进行组合的标志，企业设计“绿色商标”时，就要对以上要素进行“生态化”的组合，以彰显其关注环保的理念。如，现在越来越多的企业选择绿色作为商标的主体颜色，麦当劳公司以前的企业标志为黄颜色的字母“M”配上红底色，2009 年该企业首先在欧洲启动了“颜色革命”，将“M”双拱形徽标的红色底色替换成绿色，且餐厅内部的颜色也采用了更多的绿色来取代红色，以彰显麦当劳公司对环保的重视。

环境标志作为一种新型的环境管理手段，可促进和引导各产业向着有利于生态环境和人类健康的方向发展。对于企业来讲，环境标志的使用可以提高企业产品的档次，提升企业在消费者心目中的形象，且能给消费者提供可靠、清晰的产品环境性能信息，也能在一定程度上促进生态经济的发展。如，截至 2012 年 9 月，我

国申请“绿色食品”标志的企业数超过6000余家，产品总数超过1.7万个，这些产品的质量总体上保持稳定可靠的态势，连续3年抽检合格率均在98%以上，产地环境检测的面积达到2.4亿亩。❶“绿色食品”标志的推广应用，可以保护和改善农业生态环境。

在现实中，也有部分企业缺乏设计“绿色商标”和申请使用相关环境标志的意识。比如，某些农产品生产企业认为，要获得“绿色食品”标志使用权，需要经过繁琐的申请程序；其产品的包装和标签要规范设计；每年还要缴纳专用标志使用费；还要接受主管部门有关绿色食品知识培训和相关业务培训；对其产品的原料产地要求更严格，需要符合绿色食品的生态环境标准；其产品的包装与贮运要符合相关的标准；等等。这些对于某些企业来说，程序复杂且增加了许多额外的成本支出。因此，地方政府要加大宣传力度，出台相应的配套措施，扶持本地企业取得“绿色食品”“无公害农产品”“中国环境标志”等认证。事实上，2012年由农业部颁布的《绿色食品标志管理办法》规定了县级以上人民政府农业部门的相关职责以及“绿色食品”标志使用人的权利等。❷同时，要加大对这些产品的检测检查力度，有关

---

❶ 李炜、魏玉栋：“深入贯彻《绿色食品标志管理办法》不断开创绿色食品事业发展新局面——访农业部党组成员张玉香”，载《农村工作通讯》2012年第19期，第7页。

❷ 2012年农业部颁布的《绿色食品标志管理办法》第8条规定：“县级以上地方人民政府农业行政主管部门应当鼓励和扶持绿色食品生产，将其纳入本地农业和农村经济发展规划，支持绿色食品生产基地建设。”第19条规定：“标志使用人在证书有效期内享有下列权利：……（三）在农产品生产基地建设、农业标准化生产、产业化经营、农产品市场营销等方面优先享受相关扶持政策。”

部门要及时公布检测结果，使消费者明白消费。同时，对于产品危害物超标的产品和企业，要加大处罚力度，及时取消其所获得的与环境标志有关的产品认证。

二、国家应大力推广商标的生态化应用

以绿色产品的认证为例，1987 年，前联邦德国实施的“蓝色天使”（Blue Angel）计划，由德国环境标志委员会予以认证并授予了最早的环境标志——“绿色标志”，授予对象为在生产和使用过程中符合环保要求且对人体健康和生态环境无损害的商品。目前，德国获得该认证的产品达 7500 余种，占全国商品的 30%。其后，日本、美国、加拿大等国也相继设立了自己的环境标志认证制度，以鼓励厂商生产低污染的绿色产品，并确保消费者能够分辨产品对环境的影响程度。目前，这些国家的环境标志认证已经涉及汽车、电脑、相机、冰箱、包装和建筑等领域。根据国际经验，实施绿色标志认证制度可以保护我国的生态环境利益，同时也有利于提高我国企业在国际市场上的竞争力。2006 年，我国财政部和国家环保总局联合颁布了《环境标志产品政府采购实施意见》，该意见规定，政府机构、事业单位及团体组织使用财政性资金进行采购的，不得采购危害环境及人体健康的产品，应当优先采购环境标志产品。2007 年，面对节能减排的严峻形势，国务院又下发了有关支持环境标志产品采购的《节能减排综合性工作方案》[1]，我国

---

[1] 《节能减排综合性工作方案》第 45 条规定，要加强政府机构节能和绿色采购，认真落实《环境标志产品政府采购实施意见》，进一步完善政府采购环境标志产品清单制度，不断扩大环境标志产品政府采购范围。

的环境标志认证制度已成为国家推动循环经济战略的重要手段。

目前，我国的“中国环境标志”认证机构已经与德国、日本、韩国、澳大利亚、泰国、新西兰、北欧等国家环境标志认证机构签订了环境标志互认合作和代理协议，并已加入全球环境产品声明网（GED）和全球环境标志网（GEN）。我国未来还应加大与国际其他环境标志认证机构的合作与互认工作，帮助中国企业跨越绿色技术壁垒。

三、鼓励我国的环境标志认证组织将其注册为证明商标

与环境有关的标志的本质属性是证明商标，因此就应该在商标注册机构进行注册，这样才有利于对环境标志的管理。如，我国的“绿色食品”标志不但在我国的工商行政管理部门进行了注册，也在美国、日本、澳大利亚、世界知识产权组织（WIPO）等11个国家、地区和国际组织进行了注册，有效的管理和市场口碑也吸引了丹麦、法国、加拿大等国的知名食品生产与加工企业申请“绿色食品”标志认证。

然而我们也发现，我国的很多环境标志只注重认证管理，并不注重与证明商标的联系，并没有在国家工商行政管理总局进行证明商标的注册，或者曾经注册但没有续期。如，我国“中国环境标志”在2001年注册为证明商标，但在国家工商行政管理总局的网站上进行查询发现，该注册商标已经于2010年失效，相关注册人没有续期；中绿华夏有机食品认证中心拥有“有机产

品”认证（该产品类别中包括食品）的资格，但是在中国商标网上查询到类似的“有机产品 药食同源”被钦州福德培植生物研究所注册为普通商标，相类似的“有机食品”也被自然人毛礼军注册为普通商标。如果与环境标志相关的认证标志已被注册为证明商标，按照《商标法》和国家工商行政管理总局的《集体商标、证明商标注册和管理办法》，各种环境标志的使用合同应属于商标使用许可的特殊种类，其与普通的商标许可合同存在差异，即环境标志的许可人（即证明商标的注册人）应是对申请使用环境标志的产品具有监督能力的组织，代表着所监督检测产品的质量。而如果其没有注册为商标，则不能适用《商标法》的规定，且在市场上容易给消费者带来混淆。

我国很多获得环境标志认证权的组织并没有将其环境标志注册为证明商标，也许是觉得其认证管理规则、注册、转让、许可等程序比较麻烦，如，许可他人证明商标必须报商标局备案且公告，还应发给《证明商标使用证》，且需要承担一定的法律责任等。[1] 这样，一旦该环境标志被注册为证明商标，就会在转让和许可方面

[1] 2003年国家工商行政管理总局颁布的《集体商标、证明商标注册和管理办法》第13条第2款规定：“集体商标、证明商标注册人对使用管理规则的任何修改，应报经商标局审查批准，并自公告之日起生效。”第15条规定：“证明商标注册人准许他人使用其商标的，注册人应当在一年内报商标局备案，由商标局公告。”第19条规定：“……使用证明商标的，注册人应当发给使用人《证明商标使用证》。”第21条规定：“集体商标、证明商标注册人没有对该商标的使用进行有效管理或者控制，致使该商标使用的商品达不到其使用管理规则的要求，对消费者造成损害的，由工商行政管理部门责令限期改正；拒不改正的，处以违法所得三倍以下的罚款，但最高不超过三万元；没有违法所得的，处以一万元以下的罚款。”

增加额外的程序，且要增发《证明商标使用证》，给认证组织增加了额外的费用；尤其是在消费者维权意识提高的今天，认证组织还要承担一定法律责任的风险，所有这些，就等于认证组织给自己戴上了“紧箍咒”。这也许就是我国很多环境标志不愿意注册为证明商标的原因。

与此相反，国外的很多国家都将环境标志注册为证明商标，并建立了后续法律制度进行保障。应该看到，如果环境标志不注册为证明商标，就不能适用《商标法》对其进行保护，而只能适用《中华人民共和国反不正当竞争法》（以下简称《反不正当竞争法》）的相关规定。[1] 这在实践中就会出现很多法律问题：（1）如果某个注册人拟将与环境标志相类似的图案和文字注册为商品商标或者注册商标，国家工商行政管理总局是不能拒绝的，实践中就有个人注册成功的案例。在市场实践中，环境标志类的认证机构就不能指责该注册人伪造或者冒用认证标志，因为该注册人的商标是有法律效力的。（2）如果环境标志类的认证机构与其标志使用人发生了法律纠纷，则只能适用双方签订的环境标志使用协议，而不能适用《商标法》的相关规定，这对认证机构维护自身权利是非常不利的。

四、政府必须加大对环境标志认证市场的监管

首先，我国当前的环境标志认证存在鱼龙混杂、良

---

[1] 我国《反不正当竞争法》第5条规定：“经营者不得采用下列不正当手段从事市场交易，损害竞争对手：……（四）在商品上伪造或者冒用认证标志、名优标志等质量标志，伪造产地，对商品质量作引人误解的虚假表示。”

莠不齐的现象。如，在桂林市的家具市场中，几乎每个家具厂商都承诺自己销售的家具符合环保认证，且贴有“环保认证”的标志，但是认证的标准五花八门，既有地方级的，也有国家级的，既有国内的，也有国际的，如“绿色环境推荐书”“中国环境标志证书”“国际ISO 94011环保认证”，以及外文书写的环保认证等。对于这些“眼花缭乱”的环保认证证书，许多消费者坦言分不清楚，更不用提分辨这些认证的真假了，甚至家具经销商也有很多认不全，经销商坦言其中的原因是现在的家具环保认证机构太多了。此外，在农产品的环境标志认证方面，就有“绿色食品”“有机食品”“中国有机产品”“无公害农产品”“农产品地理标志”等绿色标志认证，明显地感觉与食品有关的环境认证太多，消费者能够完全区别不同食品认证的也很少。又如，我国在节能环保方面的认证，目前有“节水产品认证”“节能产品认证”“中国环境标志认证”“低碳产品认证”，虽然不同认证各有侧重，但是名目繁多的“绿色标签”认证让消费者“眼花缭乱”，难以辨别，这与推广节能环保产品的初衷背道而驰。

其次，我国很多与环境有关的认证存在认证不规范的问题，很多生产厂商花钱就可以买到此类认证。如，农产品的有机产品认证需要有严格的除草、施肥、浇灌等规定，但在实际认证过程中，很多认证机构主要进行资料的书面审查，很少到田间地头进行实地审查，有些认证机构还指导企业填写表格；甚至有些认证机构与中介合作，中介帮企业出“馊点子”通过认证，比如到市场上购买一些质量较好的同类产品去送检。为此，需要政府加大对环境标志认证市场的监管，整顿环境标志认证市场，把好环境标志认证的“出口关”，还消费者一个绿色的消费环境。如，2014 年，广西水产畜牧兽医部门结合无公害管理办法要求，对获证单位生产情况进行了全面检查，重点对无公害企业投入品的使用、生产记录的执行与管理、产品售前检疫、休药期的执行情况、病死禽畜无害化处理等内容进行了检查。当第一批 46 家企业“无公害农产品”产地资格被取消后，个别企业面对自己的差距，选择了自动放弃，并坦言：“宁愿自己放弃，也不要被列入黑名单。”❶ 只有如此，才能保证环境类认证产品的权威性，维护正常的市场秩序。

环境标志产品的认证，本意是传递生态环境保护的价值和信任。但是，目前我国环境标志认证市场的不规范和“潜规则”，又可能无法给认证者贴上“诚信”和“环保”的标签，反而增加了成本。如，现在的很多 ISO 系列认证已经被业界质疑，谨慎的企业甚至会到对方公司进行审核；3C 认证甚至会出现“国内认，国际不认”的尴尬局面。未来我们必须加强对认证企业的监管和查处，推进“黑名单”和“行业介入”等制度建设，这样才能有效发挥环境认证类证明商标的生态价值。

---

❶ 张文卉：“广西 32 家企业被取消无公害资格 其中 21 家自愿放弃”，载《南国早报》2015 年 5 月 25 日。

第七章

遗传资源知识产权与生态环境保护的法经济学分析

第一节 遗传资源的生态环境价值及知识产权保护的重要性

遗传资源是人类创造物质文明和精神文明的基础，其不仅为人类提供了基本的食物和衣物，其自然产品也支持了农业、医药、饮料、园艺等众多产业的发展；并且在遗传资源商业化开发过程中，其因基因特性和特殊成分，已经成为医药、美容、食物等感兴趣的对象，甚至成为某个新产品开发的基础。例如，可以从紫长春花属植物中提取豌豆碱和长春花碱，可以开发出治愈小儿淋巴细胞白血病和何杰金病的药品；泰国有一种叫普拉瑞阿的植物，从中可以提取出对妇女隆胸有显著作用的成分；从巴西的多环蝰蛇体内提取有效成分制成 Capoten 药品，可以治疗心脏病。此外，遗传资源对生态环境的保持与维护意义重大，其在维持生物多样性、改善土壤、保持水土、促进生物进化方面等方面发挥着不可替代的作用。同时，目前知识产权理论界的热点问题之一就包括遗传资源的知识产权保护，因此，研究知识产权制度与生态环境保护的关系自然无法回避该问题。

一、从经济学的角度分析遗传资源的特征

第一，遗传资源在不同区域内分布不均衡。生物遗传资源虽然总量非常客观，但是也面临分布不均的问题，不同的遗传资源有其特定的分布区域，甚至有些只存在于特定的国家和地区。如，哥斯达黎加虽然地理面积小，却是世界上遗传资源最丰富的国家之一。另外，遗传资源的技术开发与应用水平也存在差异。这就为遗传资源在世界范围内的流动、遗传资源的地区或者国家垄断提供了经济学上的依据。

第二，遗传资源兼具有形性和无形性的特征。遗传信息或者活性有用成分必须存在于其载体——特定生物体中，从这个角度来看，遗传资源具有有形性；但是，遗传信息则是从特定生物体中抽象或者提取、分离出来的，必须借助专门的仪器设备和科学技术才能获得，不是人的肉眼可以观测到的，从这个角度来看，遗传资源又具有无形性。遗传资源具有有形和无形的特征，既给其保护增加了难度，也给其价值评估带来了诸多困难，

这也是遗传资源知识产权利益惠益分享机制建设滞后以及运行不尽人意的原因所在。

第三，遗传资源在资源属性上的划分比较困难。经济学上，将资源种类分为恒定资源、可再生资源、耗竭性资源、不可再生资源四种。遗传资源既有可再生的，即其依存的生物体生生不息，我们人类可以从中获得源源不断的遗传资源，比如我们饲养的家畜、家禽等动物遗传资源；也有一些属于耗竭性和不可再生性的资源，这类遗传资源受生态环境影响很大，随着人类乱砍滥伐、工业污染，很多动植物品种在人类尚未完全认识清楚之前已经消亡，而这种消亡是不可逆的，是无法还原和再生的。遗传资源在资源属性上的不同分类，必然使其具有不同的经济价值，这也使国家在保护遗传资源过程中不能采取整齐划一的方式。如，我国仅规定濒临灭绝的、有重大经济价值和科学研究价值的野生动植物资源属于国家所有，但对普通的动植物遗传资源没有规定相应产权。

第四，具有公共物品的属性。生物遗传资源属于自然资源，具有非排他性和非竞争性的特征，符合公共物品的属性，这给客观上界定清晰的遗传资源产权制造了不少的难度。为此，联合国粮农组织曾将农业和粮食遗传资源界定为人类共同遗产，随后的《生物多样性公约》规定国家享有遗传资源的主权，但这样的产权界定无法适应市场经济的发展，必然会给遗传资源的保护和利用造成很多负面作用。

第五，具有商品性的特征。生物遗传资源作为经济发展和科技创新的基础材料，不仅具有使用价值（有用性），在其保护和开发过程中投入了大量的人力劳动而具有价值，且在一定程度上具有稀缺性。因此，其在市场经济条件下具备了商品的特征，可以用于市场的交易。

第六，具有生态性。生物遗传资源是生态系统中不可或缺的部分，是实现生态经济的重要因素，对此，将在本书有关生物多样性知识产权保护专章中予以论述。

二、遗传资源的生态环境价值理论

使用价值是指某种物品能够满足人们需求或偏好的有用性，遗传资源具有的有用性非常丰富。遗传资源可以直接作为生产对象加以利用，如，我国拥有农作物及野生近缘植物数千种，这是我国庞大的食品工业的基础；我国拥有 576 个品种的家养动物，奠定了我国成为世界畜牧业大国的地位。遗传资源的有用性还体现在对生态环境的无形作用中，它在维系自然界能量转换、物质循环、改良土壤、控制病虫害、保持水土、涵养水源、调节小气候、促进生物进化等方面发挥着重要的作用。以林业遗传资源为例，它是维持林木物种多样性和森林生态系统多样性的基础，是开展林木良种选育和新品种培育的基础，是建设生态林业和民生林业的重要保障。加强遗传资源保护和可持续利用，对维护国家生态安全、建设生态文明和美丽中国具有重要的战略意义。

在西方社会，环境价值理论是建立在效用价值论基础之上的，即某个经济物品的经济价值取决于该物品的效用（即对人的有用性）和物的稀缺性。该理论认为，自然资源是稀缺有限的，而稀缺可以通过市场的价格机制得以解决。随着人类活动的加剧，遗传资源不再是用之不竭的自然资源，而变得越来越具有稀缺性，因此，遗传资源的价格（价值的货币表现）应通过市场的价格机制予以体现。20 世纪 60 年代后期，严重的环境问题促进了外部性理论的讨论与发展，环境价值的理论得以进一步完善，经济学家开始认为，造成环境污染的经济原因是很多环境资源因其“公共品”属性而得以免费使用，政府应该采取多种措施，纠正市场在环境资源配置上的失灵。这为我们分析遗传资源的稀缺性提供了理论借鉴，因为正是遗传资源的“公共品”属性，使得遗传资源本身的产权主体缺位，导致很多遗传资源加速消失。20 世纪 70 年代后，经济学家对消费者剩余、机会成本以及包括环境在内的非市场化商品价值的评估思考，进一步推动了对遗传资源经济价值的评估研究。

三、遗传资源的知识产权保护对生态环境保护的重要性

鉴于遗传资源对生态环境保护的重要作用，我们必须重视遗传资源在保护和利用过程中的知识产权问题，因为在遗传资源的保护和利用过程中包括了遗传资源的收集、保存、监测、评估、遗传资源数据库和信息系统建设与运用、育种（或驯化）、生物勘探、利用、入侵物种防治、获取与惠益分享等一系列问题，而这些问题都与遗传资源的知识产权保护紧密相关。如果无法解决遗传资源的知识产权保护问题，遗传资源的保护和利用就无法顺利地进行下去，生态经济的实现也就遥遥无期

了。所以，国家林业局在2014年的《林木遗传资源保护与可持续利用国家行动计划（2014—2025年）》（征求意见稿）中，就明确提出了加强林木遗传资源保护和可持续利用，这对维护国家生态安全，提升林业生产力，实现林业健康、永续发展具有重要的战略意义。对此，必须要“在全国范围，特别是少数民族地区和偏远地区，开展林木遗传资源及传统知识的调查登记”，要“建立林木遗传资源相关传统知识数据库，保护传统知识”，要“制定树木育种、驯化和生物勘探研究计划，培育具有自主知识产权的新品种”，要“开展林木遗传资源及相关传统知识获取和惠益分享试点”等，这些都体现了遗传资源知识产权保护在发展生态林业经济方面的重要性。

对于遗传资源的知识产权保护，我们的目的是保护遗传资源本身，还是为了利用遗传资源？如果单纯为了保护遗传资源而保护，那么有可能造成权利人对该资源的垄断，并进而对生物多样性的维持产生影响。具体来讲，对利用遗传资源研发培育的新品种主张知识产权（如植物新品种权、专利权）等，会不利于遗传资源的开发利用，最终导致基因多样化的范围不断变窄。例如，在经济利益的驱动下，遗传资源的育种者只会为“高产出”的粮食作物而开发新品种，结果会导致用于培育新品种的基因库不断萎缩。因此，与其限制遗传资源的获取，不如以促进其使用为目的，并辅以防止不正当使用的措施。

在2003年的世界知识产权会议上，相关报告明确指出：在生物技术日益重要的当今时代，作为原材料的遗传资源在某些生物技术发明中具有潜在的价值，最明显的例子就是与生物技术相关的发明的专利授权数量也在不断增加。资源的信息化与资源的依赖性是信息技术的重要特点之一，这就决定了在当今时代，谁拥有地球上有限的遗传资源，谁就能在生物经济的发展中取得主动，并成为生物技术时代财富的拥有者。与此同时，国际上发展中国家依托“食品与农业基因资源委员会”也开展了许多卓有成效的工作，以通过保护本国的遗传资源来发展本国的生态经济。自20世纪80年代以来，许多发展中国家采取了多种措施试图阻止植物基因资源免费地、无节制地从本国流向发达国家，其主张，发达国家为本国植物培育者的植物培育和植物新品种发明创造提供知识产权保护时，没有对那些提供原始基因资料和材料的国家提供适当补偿，这是不公平的。

第二节　遗传资源知识产权化进程中的法经济学分析

遗传资源的知识产权保护对生态环境保护意义重大，但其在理论方面还存在许多悬而未决的问题。鉴于篇幅所限，本书将重点研究遗传资源在知识产权化过程中的产权问题，因为虽然产权不等于法权，产权制度不等于法律制度，但是，产权的界定、保护无不与法律密切相关。在经济学上，产权经济学有时也被称为“法经济学”，这是因为它是法学与经济学的结合，在经济权利日益复杂的现代社会，产权与法律的相关性使得产权经济学的研究方兴未艾。因此，产权问题是遗传资源知识产权化进程中的基本问题，只有该问题得到圆满解决，才能够发挥遗传资源在生态环境保护方面的独特作用。

一、遗传资源产权制度的缺陷，不利于遗传资源的知识产权化

在经济学上，用于生产产品或劳务的投入称为生产要素，即劳动力、资本、土地和企业家才能。遗传资源是自然资源的一部分，属于资本这类生产要素，它与其他生产要素相结合制造出具有使用价值和价值的产品，主要用于农业、医药、美容等领域的研究和开发。生物技术的研究和开发过程包括了上述生产要素的投入、研究与开发过程以及最终产品的生产和消费。整个研究与开发的基础就是包括遗传资源在内的各种生产要素的投入，其中，遗传资源是自然提供的，但并不是无限的，在一定程度上是稀缺的，具有“经济物品”的特征，可以通过市场机制进行交易。在市场经济中，市场各个主体的经济决策主要由市场价格进行调整，这也适用于遗传资源的需求与供给决策，这些决策最终的结果体现为在遗传资源市场上进行的交易数量与种类。在一个理想的完全市场经济结构中，所有经济个体的决策最终能够实现遗传资源的有效配置，使其符合“帕累托最优”标准。然而在目前的市场条件下，生物技术研究与开发过程中经常会出现遗传资源配置的无效率或者次优效率的结果，导致这种结果的原因很多，其中一个重要的原因就是遗传资源产权制度的缺陷。

在经济学上，可以开放获取的产权制度被认为是没有效率的，因为开放获取往往导致资源的过度开发或使

用，并常陷入“公共地悲剧”之中。根据遗传资源的定义❶，遗传资源必须是依附于人体、动物或植物、微生物等特定生物体之中，它是特定生物体的组成部分。特定生物体的所有权已经在民法框架下的物权制度中予以确认，但是特定生物体的组成部分能否拥有独立的所有权？从当今生物科技的角度来看，遗传资源已经可以从生物体中提取和分离出来，而提取出来的“遗传材料”已经完全独立于原生物体，成为一个新的“物品”。如，豌豆碱和长春花碱虽然是从紫长春花属植物中提取出来的，但是和紫长春花属植物完全是不同的物品。遗传资源已经成为生物科技成果中的“原材料”，具有和原生物体同样的“生产资料”属性，产权经济学认为，物品基于不同的属性，可以成立不同的所有权。因此，遗传资源的所有权和其本身生物体的所有权是有区别的。

有关遗传资源的所有权，联合国粮农组织（FAO）在1983年的《粮食与农业植物遗传资源国际行动纲领》中将农业植物与粮食的遗传资源界定为人类共同遗产，这就把遗传资源的所有权划入了公共领域。而在现行的知识产权制度下，利用遗传资源产生的新的技术成果可以通过申请专利获得保护，产生巨大的经济利益；但是根据遗传资源是人类的共同遗产这一产权界定，遗产资源的提供者不能寻求获得任何的经济利益，这导致遗产资源的经济利益严重失衡。为此，广大发展中国家要求

❶ 遗传资源（genetic resources），是指取自人体、动物、植物或者微生物等含有遗传功能单位并具有实际或者潜在价值的材料。

重新界定遗产资源的产权，在《生物多样性公约》（CBD，1992年）和《粮食与农业植物遗传资源国际条约》（UPOV，2001年）中确定了各国对其境内遗产资源的主权，并因此可以分享遗传资源所获得的利益，这一规定间接承认了遗产资源拥有所有权属性，为建立新的财产权制度奠定了制度基础。[1] 然而如果片面地认为“国家对遗传资源享有主权，就当然意味着国家对遗传资源享有所有权”，则是大错特错，因为主权是国家的基本属性，但遗传资源的所有权还受到特定生物体的限制，我们如果忽视了遗传资源所有权的这一特性，一味地将其界定为国家所有，将不利于地方社区、民族部落、科研单位和个人对遗传资源的保护工作。图7－1示意图就形象地说明了遗传资源产权制度的缺陷，即其所依附的特定生物体以及依其生产的药品、植物新品种等都有完备的所有权制度保障，唯独遗传资源本身缺乏清晰的产权制度规定。

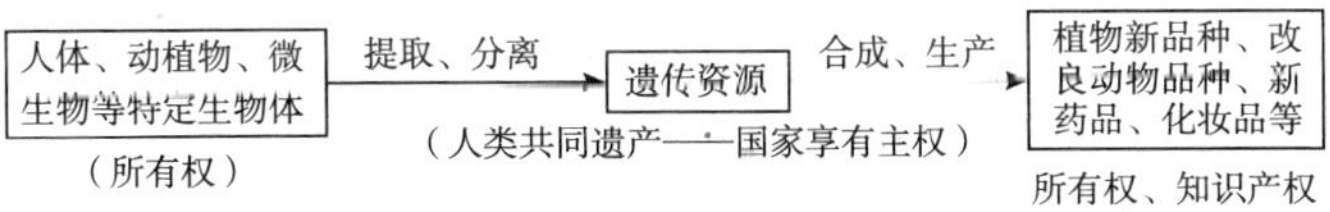

图7－1 遗传资源所有权缺失示意图

没有产权或者产权界定不清的社会，必定是资源配置无效的社会。现代产权经济理论认为，保证经济高效率的产权应当具有以下特征：（1）明确性。它包括了财产所有者的各种权利，以及对限制或者破坏这些权利

---

[1] 严永和：“遗传资源财产权演进的历史逻辑”，载《甘肃政法学院学报》2013年第1期，第61页。

行为的处罚等完整体系。（2）专有性。也就是说，与产权相关的报酬和损失都可以直接与有权采取这一行动的人相联系。（3）可转让性。也就是说，产权可以被转让到最有价值的用途上去，要实现资源的有效利用，就必须实现产权的流转。（4）可操作性。也就是说，产权是可以通过具体的行为行使的。如果将遗传资源界定为人类的共同遗产，这样的产权制度安排就缺乏明确性、专有性；同样，如果将遗传资源界定为国家主权，因为国家主权的不可转让性，这样的制度安排也不符合高效率的产权制度安排。遗传资源产权界定不清，必定会产生遗传资源市场配置的低效率，典型表现是会出现遗传资源利用的负外部性问题。因为为了保存和延续遗传资源，相关的传统社区、少数民族部落、个人等付出了很大的成本，但是由于遗传资源产权界定的不清晰，遗传资源的利用者不需要支付任何补偿，其承担的个人成本远低于遗传资源保护的社会成本，其结果便是遗传资源的滥用和保护不力。

产权理论创始人、1991 年诺贝尔经济学奖获得者科斯认为，只要产权不清晰，就会产生无法避免的外部性公害；只有明确产权，才能消除或降低外部性带来的伤害。在明确产权的基础上引入市场机制，就能有效地确认不同产权人之间的相互影响程度以及相互应负担的责任。资源配置的有效性取决于产权界定的清晰度，经济学的首要任务就是分析产权。在市场经济条件下，对于遗传资源的研究和开发，首要的任务也是界定遗传资源的产权。只有确立清晰的遗传资源产权制度安排，才能避免遗传资源开发和利用过程中的“生物海盗”“生物剽窃”等各种负外部性问题，才能在国际范围内优化配置各类遗传资源。

二、我国遗传资源产权规定不足，导致流失了大量的遗传资源，不利于我国遗传资源知识产权化的创新和发展

目前，我国法律没有明确规定“遗传资源”的产权归属，相关规定见于《中华人民共和国物权法》（以下简称《物权法》）第49条“法律规定属于国家所有的野生动植物资源，属于国家所有”，关于野生动物、野生植物的范畴，则参见相关的法律规定。❶ 根据以上规定，针对我国遗传资源的所有权必然会产生以下疑问：第一，如果非国家主体基于自身劳动对特定生物体享有了所有权，如科研单位对野生动物进行了驯养、对野生植物进行了培育，那么驯养或培育后的野生动植物资源是否还属于国家所有？如果属于国家所有，那么必然不利于野生动物驯养与野生植物培育产业的发展。第二，国家仅规定了野生动植物资源属于国家所有，那么普通动植物资源的所有权归属应当如何确定？如果严格划分为普通与野生，那么必然会导致国家有关野生动植物保护目录的频繁变动，这不利于动植物遗传资源保护。第三，如果单纯规定野生动植物资源属于国家所有，那么必然会挫伤少数民族部落、传统社区对当地遗

❶ 我国《野生动物保护法》第2条第2款规定，野生动物，是指珍贵、濒危的陆生、水生野生动物和有益的或者有重要经济、科学研究价值的陆生野生动物。我国《野生植物保护条例》第2条第2款规定，野生植物，是指原生地天然生长的珍贵植物和原生地天然生长并具有重要经济、科学研究、文化价值的濒危、稀有植物。

传资源保护的积极性，因为这些社区为当地遗传资源的保存和延续做出了重要的贡献。

综上所述，我国目前虽然对野生动植物资源规定了国家所有，且对珍稀动植物设立了比较严格的保护和获取制度，但没有明确规定普通遗传资源的权属。当前我国相关法律规定野生动植物资源属于国家所有，这在当前情况下也不利于传统社区（如少数民族地区、自然保护区等）对遗传资源的保存和延续。因此可以说，我国目前遗传资源的获取和利用处于开放获取状态，遗传资源长期被视为公共资源，人人皆可免费使用，这导致我国遗传资源的耗竭性使用和大量流失，普通民众与传统社区也缺乏保护遗传资源的积极性。

随着经济社会的快速发展，生态环境不断恶化，我国遗传资源受到严重威胁。据统计，我国已成为世界上遗传资源流失最为严重的国家之一，我国输出和引进遗传资源的比例为10:1，下面简单介绍几个案例。

案例1：早在1996年，哈佛大学就计划在中国开展包括高血压、糖尿病、早发心脏病、肥胖症、精神病等在内的所有“文明病”的调研，该计划被命名为“群体遗传学计划”，该计划需要2000万中国人的血样和DNA样本，因为中国拥有巨大的人口基数，可以为不同疾病发病原因的科学鉴定提供基因。为实施该计划，由该计划资助的以600万中国人的哮喘基因为样本的项目已经上马，中国的人类遗传基因资源已经流失到海外。

案例2：原产于中国的猕猴桃种子被带到新西兰，经过园艺师的培育，变成了另外一种植物新品种—奇异果。在中国大陆市场上进行对比发现，“中华猕猴桃”论斤销售，而新西兰的奇异果却论个销售。当前，为了进一步提升猕猴桃的品质，新西兰仍在中国收集野生猕猴桃资源；与之相比，我国猕猴桃种植户为了抢占市场，片面追求产量，原有的猕猴桃品种被人工栽培的高产猕猴桃品种逐渐取代，野生的大别山猕猴桃和中华猕猴桃变得极为稀有，有些品种濒临灭绝。很多生物遗传资源一旦失去就再也无法获得，其价值是金钱无法衡量的。

案例3：中国拥有超过90%以上的野生大豆基因，但在过去的几十年中，美国作物基因库在中国收集了大量的大豆种质，保存了2000多份大豆遗传资源，一跃成为世界上第二大大豆资源大国。美国科学家在中国野生大豆“北京小黑豆”中找到了抗击包囊线虫病的基因，从而使美国一跃成为全球大豆生产第一强国。孟山都公司曾向美国专利局提交过专利申请，该申请专利名称为“高产大豆及其栽培和检测方法”，其中包含64项专利要求，具体范围涵盖了所有含有这些标记基因的大豆及其后代，该公司还向101个国家提出这一原产于中国的高产大豆专利申请。[1] 专利如果获得批准，将对中国的大豆研究和生产造成侵害。

案例4：1999年5月，美国联邦药品管理局下属研究所的娜达·赛因（NardaZein）与中国癌症基金会的李建生以“共同开发，在美国市场推广”为名进行合作，将李建生的科技成果——抗癌新药“金龙胶囊”

[1] 庞瑞峰：“中国大豆侵权?”，载《南方周末》2001年10月20日。

中极具价值的中药活性成分窃取，并将其发明权卖给了瑞士医药巨头诺华公司，这是目前已知的最大中药秘方遭窃事件，估计给中国带来的损失可达20亿元人民币。

鉴于国外跨国公司在我国境内收集人类遗传资源的问题，我国卫生部和科技部曾在1998年制定了《人类遗传资源管理暂行办法》，提出了人类遗传资源的知识产权和国家主权问题[1]，但该暂行办法仅限于人类遗传资源，只规定了中外机构合作开发时的知识产权归属[2]，却忽视了人类遗传资源来源提供者自身对该知识产权利益的分享。另外，《人类遗传资源管理暂行办法》采用的是行政保护方式，主要从部门或行业的角度规制人类遗传资源的保护和利用，没有规定事先同意的内容，不适应市场经济条件下的人类遗传资源保护要求，因此，该暂行管理办法作用有限。目前正在征求意见的《人类遗传资源管理条例》希望在这些方面能够有所突破。

此外，我国的遗传资源是由研究机构管理，输出渠

---

[1] 《人类遗传资源管理暂行办法》第17条规定："我国境内的人类遗传资源信息，包括重要遗传家系和特定地区遗传资源及其数据、资料、样本等，我国研究开发机构享有专属持有权，未经许可，不得向其他单位转让。获得上述信息的外方合作单位和个人未经许可不得公开、发表、申请专利或以其他形式向他人披露。"

[2] 《人类遗传资源管理暂行办法》第19条规定："中外机构就我国人类遗传资源进行合作研究开发，其知识产权按下列原则处理：（一）合作研究开发成果属于专利保护范围的，应由双方共同申请专利，专利权归双方共有。双方可根据协议共同实施或分别在本国境内实施该项专利，但向第三方转让或者许可第三方实施，必须经过双方同意，所获利益按双方贡献大小分享。（二）合作研究开发产生的其他科技成果，其使用权、转让权和利益分享办法由双方通过合作协议约定。协议没有约定的，双方都有使用的权利，但向第三方转让须经双方同意，所获利益按双方贡献大小分享。"

道混乱。造成目前状态的原因之一就是缺乏遗传资源的产权管理制度，国家针对遗传资源的保护和管理机构也不明确，各管理部门职责不清，甚至很多地方没有专门的管理机构。

三、完善我国遗传资源产权制度的若干建议

市场经济需要一个界定清晰的遗传资源产权制度，应在国家对遗传资源统筹管理的前提下，尽可能扩大遗传资源产权的流转范围。一个完善的遗传资源产权制度，应该着重解决遗传资源的产权界定和产权转让问题，从而既有利于遗传资源的研究、开发和利用，也有助于遗传资源的延续和保护。遗传资源产权配置的中心问题仍然是平衡遗传资源的提供者（包括对遗传资源保存和延续做出贡献的人群）和遗传资源的利用者之间的利益问题。我国应该尽快制定遗传资源保护法，制定层次鲜明、科学合理的遗传资源产权制度，具体建议如下。

（1）濒临灭绝的、对国家有重大经济和科学研究价值的野生动植物遗传资源，归国家所有。该类国家所有的遗传资源的种类应该尽可能小。

（2）如果某个特定社区基于土地的所有权（在我国，主要指集体土地），对其土地上的一般野生动植物享有所有权，且该社区（在我国，主要指少数民族聚居的传统区域；某个地区，因其独特的气候、地理位置等原因，生产的特色动植物产品）对当地的野生动植物遗传资源的保存和延续做出巨大贡献的，则该遗传资源的所有权归该社区所有。

（3）对于某个个人或科研机构、医药公司基于自身的努力提取或分离出的遗传资源，所有权应当如何确定？本书认为，对此应当具体问题具体分析。第一，如果以上主体经过自身的努力，提取或发现的遗传资源来源于濒临灭绝的、对国家有重大经济和科学研究价值的野生动植物生物体，那么遗传资源所有权仍归国家所有，但以上主体应当获得遗传资源的利益分享权、同等条件下的优先开发及商业化权、遗传资源发现的署名权等。第二，如果以上主体经过自身努力，提取或发现的遗传资源来自特定社区拥有的一般野生动植物生物体，那么遗传资源所有权仍归该特定社区所有，以上主体同样可以拥有遗传资源的利益分享权、同等条件下的优先开发及商业化权、遗传资源发现的署名权等。同时，通过协商，特定社区可以将该类遗传资源的所有权转让给以上主体，由其进行独自开发和商业化。第三，如果以上主体经过自身努力，提取或发现的遗传资源来自通常可见的一般野生动植物生物体，那么以上主体可以拥有该类遗传资源的所有权。如此规定，既没有损害国家、传统社区或特定地区的遗传资源权利，也有利于促进以上主体对遗传资源的科学研究，有助于激发其进行遗传资源商业化开发的热情。

目前我国遗传资源市场配置无效率和次优效率的关键在于遗传资源产权不清晰，即便规定了濒临灭绝的、对国家有重大经济和科学研究价值的野生动植物遗传资源归国家所有，但是具体由哪个机构代理行使所有者的职能，商业开发遗传资源的主体应当向谁申请使用遗传资源，应该按照什么标准支付遗传资源的许可使用费用，这些问题均没有明确的规定，由此造成了我国遗传资源屡次出现流失海外的后果。

同时，我们还应该拨付专门的经费用于遗传资源的保护；并规定，使用遗传资源进行研究和开发特别是商业开发的主体，必须对遗传资源的获取支付补偿，并可以采取某些经济激励措施鼓励遗传资源的保护行为。

第三节　遗传资源知识产权利益分享机制的法经济学分析

从经济学的角度来看，遗传资源的保护、研究、开发、应用就是一个完整的产业链，基于整个产业链基础之上的知识产权保护以及由此产生的利益，就应该在产业链的各个阶段进行利益分享，这样才能促进整个产业链的健康发展，也才能将整个产业做大做强，使整个产业链得到可持续发展。遗传资源是自然资源的重要组成部分，它的研究和应用对人类生态环境的维持至关重要，而只有对遗传资源知识产权化过程中的利益进行科学的分享，才能平衡遗传资源保护者、提供者、开发者、应用者的权益，使得整个产业健康发展，对地球生态环境系统的维持发挥更大的作用。

一、遗传资源知识产权利用的利益分享问题

随着人类生物技术的迅猛发展以及知识产权制度的完善，人类社会对动植物遗传资源的需求在不断增加，而动植物物种资源却在不断减少，并逐步成为稀缺性的物品。经济学上认为，一种物品能够成为商品，主要的两个因素就是：该物品能够被人们控制；该物品具有稀

缺性。稀缺性的物品必然有其使用价值和价值，以遗传资源为基础所开发的生物技术与应用也当然具有相应的价值表现。

从遗传资源知识产权利用和创新的角度分析，基于遗传资源基础上的每一个新的品种或者创新的成本投入分为两部分：一是使用遗传资源所支付的成本；二是进行新的创新所投入的成本，即对原有遗传资源进行改良的投入。以植物新品种为例，新品种的再创新成本依赖新品种本身的特征以及新旧品种特征的差异程度，如果差异程度较少或者对原有遗传资源信息的掌握越充分，则进行新的创新所需要的成本就越小；而应用已有的遗传资源及其知识所支付的成本则依赖这些资源的保护强度，如果原有遗传资源的保护强度越高，则创新品种权人使用这些资源所需要支付的成本就越大。同时，基于遗传资源基础上的品种收益则是一种垄断租金，其租金为品种权人由于对品种的垄断所获得的超过种子生产成本以上的收益，由于知识产权的保护，品种权人能够通过对创新的垄断获得创新的收益。遗传资源的最初提供者对该部分垄断租金的分享事关遗传资源的保护和提供，进而对生态环境的保护影响深远。

然而遗憾的是，当今世界上的遗传资源知识产权保护、开发、利用过程中产业链的利益分享却不顺畅，具体表现为：遗传资源大都集中在发展中国家，地球上的陆地生物多样性资源约80%集中于此；而对遗传资源进行生物技术研究与开发的“钥匙”却集中在发达国家，特别是这些国家中的跨国生物公司和医药公司。发达国家从发展中国家获取研究开发所需的遗传资源，甚至有些是以免费的形式获取的。但是，依据现代知识产权制度，对于从这些遗传资源中开发出来的产品或技术，研究开发者可以获得专利权、植物新品种权等得到了保护，而广大发展中国家作为遗传资源的来源国却不能免费利用这些科研成果。发达国家的跨国公司将其受知识产权保护的产品或技术在其成本之上增加了高额比例的利润再出口到发展中国家，发展中国家想获取这些产品或植物新品种需要支付高额的价格。如，紫长春花属植物的来源地为马达加斯加，但该国缺乏开发和利用该遗传资源的技术条件，EliLily 制药公司依靠其雄厚的科研实力，从该遗传资源中提取了豌豆碱和长春花碱，并制造出对治愈小儿淋巴细胞白血病和何杰金病有很好疗效的药品，该跨国公司每年从这些药品上获得上亿美元的利润，而其来源国马达加斯加却没有得到任何利益。

为了平衡遗传资源提供者和利用者之间的利益关系，国际知识产权学者提出了遗传资源利益分享权的概念，即遗传资源的所有者或者提供者可以合理、公平地分享他人利用遗传资源所产生各种利益的权利，主要是公平合理地分享因利用遗传资源所产生的研究开发成果及其利用（包括商业化或非商业化利用）所产生的利益。[1] 我国也没有很好地处理遗传资源提供者和利用者之间的利益分享问题，根据不平等的惠益分享协议，目前只能由一些研究机构和个人获得很少的惠益，这也造

---

[1] Morten Walle Tvedt, Elements for Legislation in User Countries to Meet the Fair and Equitable Benefit - sharing Commitment, The Journal of World Intellectual Property (2006) Vol. 9, no. 2 (pp. 189 - 212), p. 195.

成了很多想通过合法途径取得遗传资源的国外公司和研究机构因而无法获得充足和可靠的遗传资源。

二、不同遗传资源知识产权利益分享机制的法经济学分析

国际上最早出现的遗传资源利益分享是通过非经济的方式进行的，因为较早研究遗传资源并从中取得有益信息的多为科研院校、研究机构如基因库等，这些机构的非营利性定位使得其取得遗传资源的方式不是通过经济贸易，而是倾向于采用研究成果共享来达到实质分享。这种早期的非经济的惠益分享机制实际上是排斥通过拒绝知识产权途径保护遗传资源的，因为知识产权具有垄断性的特征，通过该知识产权保护的方式必然会增加遗传资源的流通并增加技术成果交流的难度。如，CGIAR（国际农业研究磋商小组）曾规定，该机构提供的遗传资源是作为国际交流合作所需，其相关的研究成果不得申请专利保护。

然而随着可开发的遗传资源总存量的下降，以及民营资本大量进入农业、医药、化妆品等生物科技领域，依遗传资源而生的智力成果寻求知识产权的保护是资本逐利性的必然要求。为此，在商品经济社会中，拒绝或排斥遗传资源知识产权保护的惠益分享机制已不符合潮流，遗传资源的知识产权保护对于维护生态环境、保护生物多样性有着举足轻重的作用，为了分享由遗传资源知识产权利用所产生的利益，世界上逐步形成了多种遗传资源知识产权利益分享模式，以下就对这些不同分享模式加以法经济学分析。

（1）美国国家癌症研究院模式。美国国家癌症研究院（National Cancer Institute，NCI）是对各种癌症进行研究、预防和诊治的研究机构，鉴于植物采集和筛选已成为癌症药物研究的主要方式，NCI 与美国农业部签订了植物采集年度合同。由于采集活动主要在热带雨林进行，为了协调与当地土著和地方社区在遗传资源保护和使用方面的利益，NCI 制定了一个类似于格式合同的采集协议书。该采集协议书首先约定了资源采集方的权利和义务，即采集方享有获取生物遗传资源的数据及相关知识，并可就研究成果申请专利保护；同时，采集方也要承担保护当地相关传统知识和生物遗传资源的秘密，为资源提供方提供技术培训，并以提成方式与资源提供方分享利益等义务。其次，该采集协议书还规定了资源提供方的权利和义务，资源提供方有权获得技术、经济等正当利益，有正当保护遗传资源和相关知识的权利；同时，负有在协议约定的范围内提供遗传资源的材料、样本和相关知识，允许资源采集方在约定范围内采集资源，并在相关领域提供合作等义务。该模式主要适用于机构与机构之间，不涉及个人。其格式合同约定的条款基本做到了资源采集方和资源提供方权利义务的平等、利益分配的相对均衡，在国际社会上得到较大的肯定。该模式中的资源收集方一般为非营利性质的公益研究机构，也适用于非政府组织、大学等，其收集不涉及商业目的。因此，从合同本身来看，双方权利义务平等，利益分配相对均衡，但是因为不涉及商业开发，NCI 只承诺遗传资源提供方可分享由这些样品商业化而取得的许可使用费中的一部分，对遗传资源及其传统知识保存做出很大贡献的当地土著和社区不会获得很多的经济补偿。

此外，NCI 还对 2127 种中草药植物中提取的新化合物进行了研究，经过筛选约有 4% 的提取物有效，如，从中国槐树中提取的植物凝集素，可以激活肿瘤患者自身淋巴细胞，抑制肿瘤的生长；从刀豆中提取的糖蛋白——刀豆素，能促进肿瘤逆转；从茯苓和香菇中提取的多糖等，显示了很好的抗肿瘤作用。然而目前尚无法确认 NCI 公司与中国遗传资源提供者签订过类似的惠益分享合同。

（2）Shaman 医药公司模式。Shaman 医药公司（国内有人译为谢尔曼医药公司，也有人译为撒满医药公司）是一家致力于从有医用历史的热带雨林植物中提取有效成分的美国公司。该公司组织了一个由植物学家、医学专家、土著医士和草药士、地方植物遗传资源合作者等组成的野外考察研究团队，由该团队从各地区挑选和采集可能含有有效活性医药成分的植物标本，并将这些标本运回公司总部进行进一步的筛选和提取；利用该方法，该公司在两年内开发了 2 项新产品，并申请了治疗糖尿病的药物专利。作为合作的报答，Shaman 公司制定并实施了社区互惠项目，通过其设立的一个非营利机构，将其商业收益的一部分用于提供饮用水清洁设备、组成公共健康工作组和森林保护工作组、直接向地方社区提供医疗服务、为当地长期从事传统医药研究者提供奖学金和资助、改进当地科学研究的基础设施建设等，以反馈给提供遗传资源的地方社区。相比于 NCI 的格式合同模式，Shaman 医药公司模式以开发新产品、追求商业利润为目的，并且直接将部分利益回报给地方社区和相关组织，其遗传资源的知识产权惠益分享的受益面更广。

（3）INBio - Merk 模式。哥斯达黎加是全球生物多样性最丰富的国家之一，是中美洲地区生物多样性最高的国家，该国 5.11 万平方公里的国土仅占全球陆地面积的 0.03%，但其生物种类占全球的 4%。该国目前有记录的陆地生物种类达 50 万种，其中仅昆虫类就达 30 多万种，还包括 12000 多种维管植物、800 多种鸟类和 200 多种哺乳动物。[1] 该国的国家生物多样性研究所（简称 INBio）成立于 1989 年，是一家私人性质的非营利机构，目前有 400 万个标本，约占哥斯达黎加生物种群总数的 28%。该研究所与世界各国的科研机构、医药公司等开展了广泛的合作，如，中国科学院微生物研究所 2009 年就与该所签订了合作备忘录。目前，该所已经与学术界和产业界达成了多项遗传资源使用协议，提供了有意义的惠益分享方法，主要形式包括许可证费、研究预算和技术转让，这些协议对遗传资源和生物多样性的保护非常重要，而且还提供了促进保护行动的预付款。因为该所最早的利用遗传资源商业化的协议是与美国默克制药公司（Merck）签订的，因此，该类型的遗传资源惠益分享模式简称为 INBio - Merk 模式。

在该模式中，在双方签订的协议有效期内，INBio 负责收集和处理哥斯达黎加国内的遗传资源样本，并负

---

[1] 马骞："中科院将建哥斯达黎加生物资源基础数据共享平台"，载 http://www.chinanews.com/gn/2012/03-16/3750447.shtml.

责每年向默克公司提供一定数量的遗传资源样本，默克公司在协议期限内享有分析这些样本的独占权；协议合作期间，默克公司提供100万美元作为INBio的研究基金，提供价值15万美元的科研设备和仪器，并对INBio的工作人员进行培训；就有关由遗传资源分离出来的有用活性成分和商业化开发进展的实际情况，默克公司要向INBio提供书面报告，并对任何由遗传资源样品开发出的商业化产品按照其全球销售额的比例向INBio支付许可使用费，该许可使用费的比例是严格保密的；默克公司享有对在研究期间所获得的发明创造的所有权，并由其提出适当的发明专利申请，INBio可以获得专利产品销售许可使用费的补偿。[1]

该模式一向被认为是遗传资源所在国与制药公司双赢合作模式，受到许多国家和相关组织的重视。然而哥斯达黎加国内也有人指责INBio过多占有本国的遗传资源，协议的很多条款处于保密状态，所获得的利益分享都归自身所有，传统社区没有得到应有的补偿，并且本国也不享有遗传资源商品化后的知识产权。默克公司所给予INBio的经济补偿分为两部分，一部分是100万美元的一次性经济补偿；另一部分是商业秘密的许可使用费，但这种许可使用费具有很大的不确定性，因为它要考虑研发成果的商品化率。这种模式比较适合像哥斯达黎加这样遗传资源丰富但科技、经济发展水平不是很高的发展中国家，因为INBio的营利能力有限，并且经常

[1] 杨远斌："遗传资源的知识产权利益分享模式研究"，华中科技大学2006年博士学位论文，第46页。

处于负债状态，不可能负担专利申请、维护和保持的昂贵费用，且缺乏专利管理的经验，因此，收取固定的经济补偿和遗传资源许可使用费倒是不错的选择。另外，跨国公司将知识产权作为垄断市场的“利器”，不愿同遗传资源的提供方分享其知识产权也是原因之一。当然，哥斯达黎加为了督促遗传资源利用方切实履行利益分享协议，在1998年通过了专门的《生物多样性法》，该法明确规定，专利申请必须要提供遗传材料来源地和提供事先知情同意证明。

（4）国际生物多样性合作组织（ICBG）模式。此模式的具体操作流程大致如下：首先，由项目主持机构确定项目目标、知识产权和利益分享的原则，然后进行公开申请。一般由学术负责人组织一个涵盖大学、研究机构、资源国的合作伙伴（如老挝的TMRC、哥斯达黎加的INBio）、产业合作者（如跨国医药公司）、非政府环境保护组织等成员的小组申请，小组成员之间通过多个协议（包括科学研究、产品开发及知识产权利益分享等内容）相互联系，在负责人的主持下形成一个整体。一旦某个小组通过评估，ICBG将会每年提供50万美元左右的资金资助，一般资助期限为5年。ICBG模式不仅希望能在遗传资源利用、医药研发方面取得进步，也希望通过药品的商业化给遗传资源提供方和传统社区提供物质帮助，以发展当地经济，保护当地遗传资源和生物多样性。

截至目前，ICBG已经资助了10余个项目，资助与合作的范围也扩张到拉丁美洲、南美洲和南亚等地区。从项目实施的效果来看，该模式是很成功的，这源于其开始就在遗传资源、医药、知识产权、生物多样性等方面开展多学科的交叉研究，并对各小组的惠益分享条款寄予厚望，充分给予创造空间，通过多重目标的努力达到良性循环，在环境和产业领域取得良好的效果。与前几种惠益分享模式相比，ICBG 模式的特殊性在于它是由政府策划和组织项目，具有浓厚的公益性，并且将传统社区、遗传资源国的合作伙伴、大学等研究机构、医药公司等产业组织有机地结合起来，对各方利益进行协调，使得各方利益团体能够在一个机构下充分合作。❶

以参与 ICBG 模式的老挝为例，老挝 47% 的国土被热带雨林覆盖，森林中生长有无数可以用于治疗多种疾病的医药植物。1976 年，在老挝卫生部的支持下，传统医学研究中心（简称 TMRC）得以建立，该中心的主旨在于保护和促进老挝传统医学的实践，该研究中心是目前老挝国内唯一致力于对药用植物和传统医学开展研究的专门机构。政府设立该中心的最初目的包括记录民间医师所开处方、完成全国药用植物调查、促进传统药物向现代药品生产的大规模转化等。目前，有关老挝的传统药物、可入药植物的分布区域等细节已全部在收集记录之中，TMRC 可依据传统医学和遗传资源对西药发现过程中的贡献程度，向国内外的制药公司提出补偿要求。此外，TMRC 还在老挝全国各地建有数目众多的传统医疗站，传统医疗站的许多工作人员均受过现代西方

❶ 韩缨："传统知识、生物资源获取和惠益分享——兼知识产权的角色分析"，华东政法大学 2004 年硕士学位论文，第 36 页。

医学和老挝传统医学的双重训练，他们可以根据病人实际情况，建议将其送到公立医院或者传统医师处，从而使患者能够得到适当的治疗。传统医疗站的工作人员能够近距离贴近传统医师，观摩他们的治疗方法和用药配方，于是便将传统医师的药方分门别类地记录下来。另外，传统医疗站的工作人员还在医药试验田种植各种药用植物，观察这些植物在实验园的生长情况，并与药用植物在天然环境下的生长情况进行对比，他们收集了大量的常用药用植物的标本。ICBG 在老挝的合作研究计划是以伊利诺伊大学、芝加哥大学（University of Illinois - Chicago，UIC）为基地，吸收来自北美、欧洲、老挝的科学家和机构共同完成的，由老挝的 TMRC 提供具有药用价值的植物标本，参与研究计划的科学家将考察这些标本的药用效果、植物化学特性以及生物学活性。为了确保课题研究过程中获得的具有药用潜能的植物所带来的版税、专利许可费、利润等可以由参与 ICBG 计划的各方主体共享，各方主体（也包括部落、传统社区、村庄、医师团体）都签订了协议，其中包括利益分享的条款。该类协议还可以被扩大解释，可为遗传资源和传统知识提供更广阔的知识产权保护，只要 TMRC 对药方属于哪一个群体或者哪一省有详细记录，那么该群体就能根据其在发现一种有利可图且有效的合成物质上的贡献而获得适当的报酬。[1]

[1] 蓝寿荣、谢英姿："若干国家传统医药知识保护的实践及其启示"，载《中国软科学》2005 年第 7 期，第 92 页。

三、完善我国遗传资源知识产权利益分享机制的若干思考

我国的遗传资源知识产权开发具有我国的具体国情。我国是世界上遗传资源非常丰富的国家之一，虽然已经制定了《物权法》《人类遗传资源管理暂行办法》，许多省市也制定了本地的野生动植物资源保护条例，如湖南、浙江等，但是我国的遗传资源流失问题也是触目惊心的；从生物遗传资源的技术水平来看，我国目前虽然利用和开发遗传资源的生物技术整体比较落后，但是在某些领域走在世界前列。所以，我们应该立足于我国的实际国情，制定出自己的遗传资源知识产权利益分享机制。

（一）对我国参与国际遗传资源知识产权利益分享的若干思考

首先，要加强遗传资源保护，以维持生物多样性，同时也要注重遗传资源的知识产权利用和商业化开发。

其次，对于目前我国在薄弱技术领域的遗传资源保护与开发，可以通过提供遗传资源，吸引国外的生物技术与资金，但是应要求免费使用基于遗传资源所衍生的专利。

再次，对于我国拥有一定技术基础的遗传资源保护与开发，可以提供遗传资源，与国外的跨国公司和科研机构合作开发，并共同享有基于遗传资源所衍生的知识产权利益。因为对于科技实力逐步增强的我国而言，远期的知识产权利益要比短期的现金收益更加重要。

最后，对于我国拥有国际先进技术的领域的遗传资

源开发，鼓励国内相关科研机构和医药公司进行攻关研究，单独开发，并独自享有基于遗传资源的知识产权利益。另外，我们还应该鼓励我国有科技实力的科研机构积极参与国际遗传资源的生物技术开发与应用，多争取获得与遗传资源有关的知识产权。当前，WIPO、WTO 等国际组织仍在就遗传资源的知识产权利用与开发的利益分享问题进行全球协商和博弈，我国政府应积极参与这些国际规则的制定，这样才能推动我国在世界范围内的基因资源、遗传资源争夺战中占据一席之地，也有助于更好地保护我们的生态环境和生物多样性。

（二）合理确定遗传资源知识产权利益分享中的许可使用费

关于遗传资源的许可使用费，可以考虑以下几个因素：遗传资源材料的样品数量，对遗传资源材料筛选后得出新药的几率（根据统计，该概率一般为 1 ‱左右），新药临床实验后获得核准上市的几率（根据统计，一般为 25% 左右），研制一种新药大概的时间（统计一般为 10 年），新药的专利保护期（20 年），新药每年可产生的收益，对新药按照每年收益的一定比例收取的遗传资源许可使用费等进行综合计算。其公式为 $A \times 0.01\% \times 0.25 \times B \times 20$（A 表示提供遗传资源的样品数量，B 表示新药每年产生的收益）。随着筛选检测技术的进步，未来发现新药的概率会提高，因此，遗传资源许可使用费补偿的潜在经济价值会逐步增加。

有学者认为，从遗传资源的获取到新药商品化需要漫长的时间，如图 7－2 所示[1]，因此，我们如果过度关注遗传资源许可使用费和一次性补偿等短期利益，而忽视药品商品化后因知识产权获得的远期利益，则是得不偿失的。

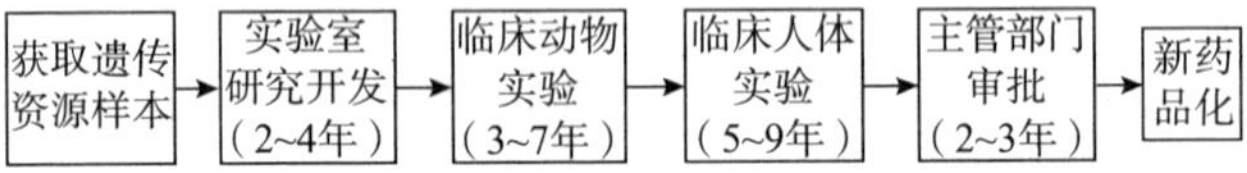

图 7－2　利用遗传资源研发新药的过程

如果某个科研单位或传统社区的科研实力有限，不足以支持费用庞大的遗传资源研究开发，对于获得知识产权保护更是无从谈起，此时可以选择和国外的跨国公司合作，并由其在发达国家申请专利，由其承担专利申请、维持及使用过程中高昂的法律成本。通过签订许可协议获得稳定收益远比自己申请专利保护更实际。

（三）灵活运用遗传资源知识产权资本化形式

知识产权资本化是提高知识产权利用率、促进科技成果转化的方式之一，而且资本化对科研机构来说是实现技术转移的基础目的，并获取研发投资回报，这些回报也可以让科研单位进一步开发新技术。当前，知识产权资本化的模式有知识产权的股权化、知识产权信托、知识产权证券化、知识产权担保、知识产权转让许可与融资租赁等多种模式。遗传资源的知识产权化过程中存在诸多风险，不同利益主体的实现存在很多不确定性，可以借助资本化降低某些研发风险。如，在遗传资源知

[1] 杨远斌："遗传资源的知识产权利益分享模式研究"，华中科技大学 2006 年博士学位论文，第 51 页。

识产权商业化开发的过程中，知识产权人对如何获取知识产权十分了解，却对商业开发和市场拓展知之甚少；而且遗传资源的利益实现过程中充满了高风险、高成本和极大的不确定性，使得缺乏理财经验或无暇管理的知识产权人举步维艰。因此，知识产权经营管理不同于其他财产权。此时遗传资源的知识产权人如果通过信托方式委托具有专业理财能力的机构经营管理其知识产权，则不但可以享受其创新成果带来的丰厚利益，而且可以更有效地扩展知识产权流转的途径，且无须负担管理职责，能更好地实现知识产权的保值增值。遗传资源知识产权利益分享首先应该把利益的“蛋糕”做大，然后才考虑如何把“蛋糕”分得公平，通过各种知识产权资本化形式，可以将遗传资源知识产权利益的“蛋糕”做得充分大，这样才能有效提高遗传资源开发者获取知识产权的积极性。

第八章

知识产权制度与生物多样性保护的法经济学分析

第一节　运用知识产权制度保护生物多样性的必要性

生态系统中物种的丰富性与多样性是生态系统稳定与健康发展的基础，因此，一切存在物对生态系统都是重要的、有价值的，生物多样性[1]与生态环境有着紧密的联系，前者是后者的有机组成部分。然而随着人类改

[1] 生物多样性，是指所有来源的活的生物体中的变异性，这些来源包括陆地、海洋和其他水生生态系统及其所构成的生态综合体；其包括物种内、物种之间和生态系统的多样性。

造自然世界能力的提高，世界上许多物种却面临灭亡的危机。据预测，目前大约有0.52万种动物、3.4万种植物面临绝种。利用知识产权制度加强对生物多样性的保护，是维持生物多样性系统持续健康运转的重要方式。从另一方面来看，保持生物多样性也是当前全人类共同面临的问题，因为生物多样性不但构成了一个社区、民族、国家的经济、文化资源，还具有生态、经济、教育、文化、遗传、社会、娱乐和美学等其他方面的价值，对维持、进化和保护生物圈的生命系统具有重要的价值。

一、生物多样性资源本身的经济学特征分析

（一）生物多样性资源本质是一种自然资产，属于不可再生性资源

生物多样性资源来自自然界本身，很多生物多样性资源是经过成千上万年的自然进化逐步形成的，其本身具有独特的物种价值和经济价值，很多生物性资源一旦灭失，就很难再复现出来。这是因为生物的性状是由基因决定的，而组成生物的基因成千上万，即使同种生物如狼（灰的、白的、黑的）的基因也有差别，每个物种都是一个独立的基因库，如果该物种的所有个体在地球上消失了，那么这个物种的基因库就会消失，该物种也将彻底从地球上灭绝。我国植物学家洪德元院士曾说过，物种一旦灭绝，人类就失去了一种独特的基因库，也就失去了利用它的可能性。一个物种的消失还会造成若干伴生物种的灭绝，从而造成生物多样性的丧失，导致生态灾难。虽然现在我们可以建设“珍稀动植物资源

保护站”“珍稀动植物种质基因库”等对濒临灭绝的动植物进行保护，可以从种质基因库中提取已经灭绝动植物的DNA进行繁殖，但是，人工条件下繁殖的动植物基因也可能会发生变异。从这个意义上讲，生物多样性资源所指的每一个物种都是不可再生资源。

随着人类对自然界的破坏，生物多样性资源正以前所未有的速度加速灭绝，如在中国土地上灭绝的新疆虎（1916年）、海南白臀叶猴（1893年）、中国台湾云豹（1972年）、中国犀牛（1922年）、普氏野马（1950年）等。

（二）生物多样性资源是有形资产与无形资产的结合体

生物多样性资源的有形资产是指生物物种本身，其经济价值由其本身的需求和供给来决定，其供给量是由其本身的生物物种、现存数量以及自然生产率的大小来决定，其需求量是由现行市场对其的需求来度量的。生物多样性资源的无形价值是指生物遗传基因及生态功能资产，即它的无形资产性，主要由生物基因和其生态功能特征及大小的价值量来衡量。生物多样性资产的生态功能主要体现在：由于生物多样性的存在，物种之间形成了金字塔形的生态系统，在物种之间动态数量的平衡状态下，生态系统保持着大体的平衡。所以，我们在研究生物多样性资源时，不但要重视其有形资产的价值，更应注重其包括生态功能在内的无形资产价值。

（三）生物多样性资源本身属于公共物品中的准公共物品

经济学上将公共物品分为纯公共物品和准公共物

品，纯公共物品是指完全具备非排他性和非竞争性的物品，而准公共物品是指具备非排他性或非竞争性的物品。生物多样性资源本身属于准公共物品，因为其本身具备非排他性，即生物多样性资源的使用不能排除任何其他人对其的开发利用；但其本身不具备非竞争性，即地球上的某些生物多样性资源本身数量是稀少的，属于不可再生性自然资源，某个主体对该资源不加限制的开发利用，必然会降低该生物多样性资源本身的数量，这也是地球上生物多样性资源不断灭绝的经济学原因。

正因为生物多样性资源不具备完全的非竞争性，属于准公共物品，因此，目前世界各国在生物多样性资源的所有权属规定中，分别采取了国家、集体、私有等多种所有者形态，并均在各自国家的法律中规定了需要在进行商业利用时考虑不同权利主体的利益诉求，规定了生物多样性资源的开发利用者要给予所有者和其他利益相关方一定的利益补偿，即惠益分享机制。

二、生物多样性的危机呼唤知识产权制度对生态化的关注

传统的知识产权制度对生物多样性造成了严重的威胁，并进而损及生态环境的保护。如，在传统生态知识比较丰富的地方社区和土著地区，保存了大量的传统生态知识和技术，具有持续利用环境资源的价值，极大地维护了生物多样性。然而按照现行的知识产权法律（尤其是专利法和著作权法）的规定，传统生态知识与技术本身无法满足专利权授予的条件——新颖性和创造性，也无法满足著作权法中“作品”的保护要求，但是基

于这些传统生态知识和技术的开发和利用所获得的新的技术或产品可以获得专利权或著作权法的保护，并因此获得利益。由此可见，传统的生态知识和技术因为自身的特点不能融入知识产权制度体系中予以保护，而在其自身基础上的衍生物却可以凭借其创造性得到知识产权制度的庇护。最终的结果是：一方面，知识产权制度带来的利益刺激可能会导致对这些传统生态知识或技术的过度开发和利用，从而破坏这些地区的生态平衡；另一方面，知识产权制度却反倒成为传统社区使用这些传统生态知识与技术的“拦路虎”。如，国家林业局在2014年下发的《林木遗传资源保护与可持续利用国家行动计划（2014—2025年）》（征求意见稿）中指出：“大约有800～1000种乔灌木树种及其种群处于受威胁状态，近百种树木已经或濒临灭绝。天然群体退化严重，原始和接近原始状态乔木林减少，大量珍贵树种遗传资源丢失。人工林树种结构单一、林分结构简单，树种多样性和遗传多样性明显降低。乡土树种遗传资源受到侵蚀，传统知识保护不够。”所以，知识产权制度必须关注生态多样性保护的问题，否则包括中国在内的发展中国家的生物多样性将会遭到极大破坏。

现实生活中存在的生物多样性危机（又称物种资源的破坏），其根源绝不是自然灾害与气候变迁，而是人类行为。法律经济学认为，法律制度是影响市场经济中理性人行为的激励系统。在与生物多样性维护有关的人类行为形成与实践过程中，知识产权制度的作用不容小觑，知识产权制度本身的“制度性风险”是造成生物多样性危机的原因之一。因为在现代的知识产权制度中，基因技术或遗传资源利用技术中的材料来源不是可专利性的要件，而现代生物技术的主要特点就是对遗传材料的依赖性以及遗传信息的有序化再现，在生物技术高度发达的今天，谁拥有或者能够掌握地球上有限的遗传资源并能商业化利用开发，谁就会在生物经济的大潮中成为新的财富拥有者。

现实表明，发展中国家与发达国家在遗传资源的拥有与利用中的地位不平等，发展中国家拥有的生物遗传资源量占全球 80% 以上，但开发与利用的技术水平很低，其由于遗传资源“国家主权”的缺失，且在现行的国际知识产权制度下，自身拥有的生物资源优势不能在专利申请中得到体现，也无法获得专利应用的优势；而发达国家则依靠自身的科技实力，控制着全球 95% 以上的生物技术专利，趁着生物资源处于公共领域的便利条件，在现行的国际知识产权制度下获得了比发展中国家更多的生态环境权益。人们应该警惕：知识产权制度的缺陷正使“全世界面临着生态破坏危机的巨大风险与高度的不稳定性”[1]。

同时，我们还应该看到，知识产权制度在激励科学技术高度发展的过程中也孕育了很多技术性风险，这种风险是人类违背技术本身规律而产生的社会风险。这种技术风险的产生既有人类认识能力的局限，也有人类自身出于某种利益考量的主动选择，如，基于某种经济利

---

❶ 薛晓源、刘国良：“全球风险世界：现在与未来——德国著名社会学家的风险社会理论创始人乌尔里希？贝克教授访谈录”，载《马克思主义与现实》2005 年第 1 期，第 45 页。

益的追求，明知某一技术可能会给生态环境带来负面影响，但仍然主动选择该行为。对于生物多样性保护而言，基因生物技术就孕育着发生这种技术性风险的可能。环保主义者就认为，在基因技术所创造的巨大利益面前，人类对该技术的研究和利用有可能滥用或失控，其结果会导致物种的性状变化甚至灭绝，破坏生态系统的固有平衡，从而引发生物多样性的安全问题。这主要表现为：其一，转基因生物在自然界中释放，有可能污染自然基因库，打破原有生态平衡，从而影响生态环境质量；其二，转基因产品也可能会对生态环境造成破坏性影响，如，抗虫害作物分泌的毒性蛋白在毒死特定害虫的同时，也可能毒死其他生物，由此伤及无辜，对一些益鸟和益虫造成损害；有科学实验证明，用抗虫害转基因玉米喂养的草蛉较普通玉米喂养的草蛉成熟期退后3天，以致不能像以前自然成熟那样杀灭害虫，从而破坏环境，危及生态平衡，而且这样的环境危害影响往往是不可逆的。同时，对于基因技术这一新的生物技术对生态环境造成的风险的担忧，也促使我们对现行的知识产权制度理念进行反思，而专利权制度的生态化则是避免这一后果出现的途径之一。

第二节　知识产权制度对生物多样性保护的若干思考

人类依靠大脑和中等的体型与能量消耗，成为当今地球万物的主宰而欣欣向荣。同时，人类是自私自利的动物，必然会为了有限的自然资源而进行涸泽而渔式的开发与争夺。经济进入全球化时代后，各种围绕自然资源展开争夺的现象更是逐渐升级，但是，自然规律并不只为人类所利用，能源枯竭、环境危机、生态恶化等随之成为威胁人类幸福的副产品。这些都迫使人们开始反思自己行为方式的正确与否，也使得交流与妥协、追求可持续发展成为全球化时代国际经济与政治关系的主旋律，其典型的表现形式就是各国通过制定国际条约及其他国际文件来规范和约束彼此的行为，以使国际资源分配和利用秩序化，其中一个主要的议题就是如何有效保护和合理利用人类社会流传下来的生物遗传资源，其中的重点便是如何利用和分配基于生物遗传资源利用所产生的知识产权。

一、《生物多样性公约》中有关知识产权的内容达成是不同利益主体博弈的结果

《生物多样性公约》（CBD）是国际社会为保护地球上生命有机体及其遗传基因和生态系统的多样化，避免或尽量减轻人类活动使生物物种迅速减少的威胁而订立的全球性国际公约。《生物多样性公约》于1992年通过，公约中有大量的内容与知识产权有关，从该公约的酝酿谈判到最后达成，发展中国家与发达国家进行了多轮磋商与博弈，以下就用博弈论的方法来分析该公约达成的过程。

博弈，在中国古代经常被用于围棋、赌博等语中，后来在数学理论中产生了博弈论，亦称“对策论”“赛局理论”，属于应用数学的分支。到了20世纪70年代后期，随着经济学家对非价格制度越来越重视，决策中信息问题越来越重要，以理性最大化假设为基础并已得到充分发展的博弈论也日益成为经济分析的新的基础工

具。1994 年诺贝尔经济学奖授给了三位博弈论专家：纳什（Nash）、泽尔腾（Selten）和海萨尼（Harsanyi）。

博弈论（Game Theory），在经济学上是研究决策主体的行为发生直接的相互作用时的决策以及这种决策的均衡问题，也就是某个博弈参与者的选择受到其他博弈参与者选择的影响，而且又反过来影响到其他博弈参与者的选择时的决策问题和均衡问题。经济学中所谓的博弈是指这样一种竞争状况，其中有两个或两个以上的人各自追求自身利益，而任何个人都不能单独决定其结果。由于博弈论与经济学有着共同的核心假设——理性最大化，所以，博弈论的分析和经济学分析具有天然的亲和力，在经济学中有着最广泛的应用。法律经济学作为法学和经济学的交叉边缘学科，同样引入博弈论研究方法，并且取得了丰硕的成果，法律的博弈分析大有取代新古典分析方法而成为主导构造范式的趋势。

（一）《生物多样性公约》中有关知识产权问题博弈参与者的诉求

稀有的生物遗传资源不仅构成了人类生存的现实物质基础，也是人类创造知识的灵感源泉。由于知识产权的垄断性特征，在全球化的知识经济时代，生物遗传资源的重要性不言而喻。然而现实情况却是大量的生物遗传资源保存于发展中国家，而发达国家则垄断着提存和利用生物遗传资源的技术，生物多样性保护面临生物遗传资源的丰富程度与利用能力成反比的现状，由此带来了资源利用者与拥有者之间的矛盾，而《生物多样性公约》要想在有关生物多样性知识产权保护上达成共识，发展中国家和发达国家之间就面临激烈的博弈。

双方在生物遗传资源知识产权有关的博弈过程中存在如下分歧：首先，针对生物遗传资源的权属问题，发展中国家和发达国家的立场对比鲜明。发展中国家主张生物遗传资源应该属于本国所有，而发达国家则主张其属于全人类所有。其次，从价值关注的角度来看，生物遗传资源丰富但生物技术贫乏的发展中国家更关注生物多样性带来的利润分享和技术转移问题，更倾向于生物多样性而非开发遗传资源，因此，他们无法将与生物多样性有关的知识产权问题作为重要问题来看待。而生物技术发达但生物遗传资源贫乏的发达国家，则希望最大限度地获取他国的生物遗传资源，并利用知识产权制度来保护和促进生物多样性技术的开发和利用。最后，基于遗传资源所产生的生态技术和知识产权，发达国家是想最大限度地获取利润，对于技术转让方面，发达国家如美国坚持按照商业协商的原则进行，反对由国际法或国内立法进行强制性的规定，要求严格限制专利强制许可；而发展中国家则想最大限度地获取遗传资源知识产权惠益分享，并最大可能地享有从发达国家转移技术的便利。

（二）《生物多样性公约》有关知识产权共识达成的博弈过程

发展中国家为了保护自身的生态多样性的权利和价值，与发达国家在生物多样性保护、开发与利用等领域展开了多方面的博弈。博弈的最终结果使得双方的利益达到均衡，即所谓的纳什均衡，指的是指这样一种人与人相互关系所处的状态，在这种状态下，给定其他人所采取的战略，一个人只能采取某种战略才能获得最大利益或使交易费用最低，而这一完美的境界必须经过“多次博弈”才能达到。[1] 如图 8－1 所示，发达国家和发展中国家在生物多样性公约达成过程中就有关知识产权问题的博弈矩阵中，博弈双方均有妥协或强硬的对策选择，但是双方只有选择妥协，才能使得双方之间的利益之和达到最大化；若一方选择强硬而一方妥协，则只能是强硬方获得更多利益，但现实中这种结果难以达成；如果双方均选择强硬，则会两败俱伤，利益之和难以达到最大。

		发展中国家	
		妥协	强硬
发达国家	妥协	（50，50）	（0，80）
	强硬	（80，0）	（30，30）

图 8－1　发达国家和发展中国家在生物多样性公约达成过程中有关知识产权问题的博弈矩阵

兼相爱、交相利是基本的社会规则，也是参与博弈的双方达到“纳什均衡”的最好结果，所有国际公约的缔结无一不是博弈双方权衡自身比较优势的结果促成的，国际性的知识产权保护制度也是如此。当单边保护

[1] 张维迎：《博弈论与信息经济学》，上海三联书店 1997 年版，第 25 页。

机制带来国际普遍不利时，博弈参与者寻求多方国际协调便成为一种务实和必要的选择。因此，发展中国家开始放弃部分不承认知识产权的要求以及绝对的单边保护主义模式；而发达国家也逐渐承认利用生物遗传资源知识产权时要注重资源所有者和其他相关利益主体的利益，并承认知识产权多边机制的实施要与生态环境、人权保障、健康医疗等目标相协调。在此目标下，博弈参与方通过《生物多样性公约》和TRIPS协议提供的平台建立生物多样性知识产权保护框架已成为各方的共同需求。双方经过妥协，最终达成了生物遗传资源国家主权原则、便利利用原则、利益按法定公平分配原则（CBD第15条），即《生物多样性公约》在反对生物遗传资源的生物海盗（biopiracy）行为的同时，也反对将生物遗传资源的管制警察化，主张生物遗传资源既属于国家所有，又属于人类共同的财富，保护和利用生物遗传资源的知识产权既属于技术创造者，又需要尊重生物遗传资源来源国的主权与贡献。[1]

《生物多样性公约》的达成便是双方博弈的最重要的成果，它是迄今为止人类协调生物遗传资源分配关系、保护生态环境、追求可持续发展的重要成果，也是处理生物遗传资源与知识产权制度之间关系的最重要的国际公约。该公约与知识产权制度有关的内容包括遗传资源的取得、技术的取得和转让、技术和科技合作、信息交流、生物技术的处理与惠益分配等，提出了保护生

[1] 徐伟："《生物多样性公约》与知识产权保护"，载吴汉东主编：《知识产权国际保护制度研究》，知识产权出版社2007年版，第633页。

物多样性的宗旨等，其中第 16 条“技术的取得与转让”[1] 是有关知识产权制度与生物多样性最相关的条款。有关该公约的主要内容及实施状况，国内外很多学者都进行了深入具体的探讨，在此不再赘述。

二、利用知识产权制度，维护生物多样性的两点思考

（一）完善基于遗传资源的知识产权利益分享机制

现有的知识产权制度能否直接或间接利用和保护生物多样性并设计出大家共同认可的利益分享机制，是值得探讨的。因为现有的知识产权制度不会将现存的生物遗传资源授予土著、当地社区，当然也不会为关于遗传资源使用或保护的生态环境或条件的知识设定权利。该

---

[1] 《生物多样性公约》第 16 条（“技术的取得与转让”）的具体内容是：(1) 每一缔约国认识到技术包括生物技术，且缔约国之间技术的取得和转让均为实现本公约目标必不可少的要素，因此承诺遵照本条规定向其他缔约国提供和/或便利其取得并向其转让有关生物多样性保护和持久使用的技术或利用遗传资源而不对环境造成重大损害的技术。(2) 以上第 1 款所指技术的取得和向发展中国家转让，应按公平和最有利条件提供或给予便利，包括共同商定时按减让和优惠条件提供或给予便利，并于必要时按照第 20 条和第 21 条设立的财务机制。此种技术属于专利上和其他知识产权的范围时，这种取得和转让所根据的条件应承认且符合知识产权的充分保护。本款的应用应符合以下第 3 款、第 4 款和第 5 款的规定。(3) 每缔约国应酌情采取立法、行政或政策措施，以期根据共同商定的条件向提供遗传资源的缔约国，特别是其中的发展中国家，提供利用这些遗传资源的技术和转让此种技术，其中包括专利和其他知识产权保护的技术，必要时通过第 20 条和第 21 条的规定，遵照国际法，以符合以下第 4 款和第 5 款规定的方式。(4) 每一缔约国应酌情采取立法、行政或政策措施，以期私营部门为第 1 款所指技术的取得、共同开发和转让提供便利，以惠益于发展中国家的政府机构和私营部门，并在这方面遵守以上第 1 款、第 2 款和第 3 款规定的义务。(5) 缔约国认识到专利和其他知识产权可能影响到本公约的实施，因为应在这方面遵照国家立法和国际法进行合作，以确保此种权利有助于而不违反本公约的目标。

部分的有关内容已在本书的遗传资源知识产权保护与生态环境保护中有详细论述，在此不再赘述。

（二）灵活利用知识产权的限制制度

为了实现知识产权法利益平衡的基本机制，就必须对知识产权进行必要的限制。当前，对知识产权合法垄断的限制更多体现在对社会公众利益的兼顾上，因此，为了维护生物多样性这一公众利益，我们可以多研究适用知识产权限制制度，如专利强制许可制度、基于合理使用的限制、基于商业流通需要的限制、基于在先使用的限制等。其中，基于特别待遇的合理使用是对知识产权权利的限制，它与维持生物多样性有密切关系，但也是知识产权制度中容易被忽视的内容之一。此制度主要指农民特权，农民有权自繁自用授权品种的繁殖材料，即农民有权把授权品种的收货材料作为自己土地上使用的繁殖材料。农民特权问题是植物新品种国际保护的一个分歧所在，在1978年国际植物新品种保护组织（UPOV）的公约中就有“除非出于公共利益考虑，育种者可不受限制自由行使所给予的独占权利”的规定，这实际上是默认了农民特权是出于公共利益考虑的强制性例外。根据该规定，农民或农民（村）组织如果是基于维持生物多样性的考虑，可以自繁自用含有知识产权的遗传材料。

第九章

地理标志制度生态化的法经济学研究*

第一节　地理标志概述及其经济价值

地理标志在法律属性上属于知识产权的范畴，最早保护地理标志的规范来自1883年的《巴黎公约》，不过当时使用了“货源标志”（indications of source）来表述。随后，在1958年的《里斯本协定》中用“原产地名称”（appellations of origin）来对地理标志进行保护，直到1994年TRIPS协议正式使用了“地理标志”

* 本部分的一些数据来源于韦人榕、廖珊、徐梦谊等同学的国家大学生创新项目“广西地理标志产品保护与开发的法律问题和对策”的调研。

（geographical indications）的概念。[1] 我国在 2001 年修订后的《商标法》中也增加了地理标志方面的规定。[2] 目前，地理标志已经成为地方特色经济的品牌代名词，可以提升产品的竞争力和附加值，为区域内品牌产品企业带来无限商机，对促进地方经济的发展发挥着独特的作用。具体而言，地方政府大力发展地理标志产业有以下经济价值。

第一，地理标志产品相对于普通商品具有价格上的优势。首先，地理标志产品相对于普通产品而言，具有特定的质量和品质，具有较高的信誉和知名度，深受消费者的喜爱，其市场价格远高于普通产品的价格。如，2011 年，广西梧州六堡茶被国家质检总局批准为地理标志保护产品，其地理保护区域为梧州市现辖行政区域，此后，先后有 3 家企业获准使用六堡茶地理标志产品的“专用标志”，其出厂的价格同比增长 10% 左右。[3] 其次，地理标志产品可以发挥证明商标或集体商标的价值，有效地将资源优势转化为市场优势，符合“生态广西”和新农村建设的客观需要。如，广西“横县茉莉花”2006 年被国家质检总局批准为地理标志保护产品，资源优势迅速转化成为品牌优势，2006 年产量为 6 万多

---

[1] TRIPS 协议第 22 条第 1 款规定：“为本协议目的，地理标志是指识别货物原产自一成员方境内或其境内的一个地区或地方的标志，货物的特定质量、声誉或其他特性实质性地取决于其地理原产地。”

[2] 我国《商标法》第 16 条第 2 款规定：“前款所称地理标志，是指标示某商品来源于某地区，该商品的特定质量、信誉或者其他特征，主要由该地区的自然因素或人为因素所决定的标志。”

[3] 龙天传、徐瑕：“梧州茶企：‘地理标志’持续提升六堡茶竞争力”，载《西江都市报》2014 年 3 月 8 日。

吨，年销售额2.5亿元；次年产量达8万多吨，年销售额3.5亿元，单项财政收入达600多万元。

第二，地理标志是扩大农副产品产地知名度的新途径，可以推动县域经济的发展。由于地理标志产品所标示的产品质量特征和声誉与特定的地理来源不可分离，其中包含着丰富的人文内涵，很多地理标志与诗人诗歌、神话故事、史家记载、民间传说相关，内容广博多彩，是中国地域文化的百科全书，因而地理标志保护可以提高相关地理区域的知名度。如，在2012年上海召开的第一届中国国际地理标志产品博览会上，广西“恭城月柿”参展并获得好评，在增加了订单的同时，也提高了恭城县的知名度。再如，在2010年中国杨陵农业高科技成果博览会上，广西“都安野生山葡萄酒”“凤山八角”“环江香猪”“凌云白毫茶”“容县沙田柚”“玉林香蒜”等地理标志产品参展，提高了广西县域的知名度。此外，广西很多地理标志产品产区每年都举行以地理标志产品为载体的“文化搭台，经济唱戏”的节庆活动，如横县茉莉花节、田东芒果节、荔浦芋头文化节、恭城月柿节等，伴随着地理标志产品，广西悠久的民族地域文化也远播海内外，有力地推动了广西县域经济的腾飞。

第三，地理标志产品相比于普通产品具有更强的市场竞争力。如，2002年“田阳香芒”在国家工商行政管理总局商标局注册为地理标志证明商标，2011年国家质检总局批准“田东香芒”为地理标志保护产品，均提升了百色芒果在国际国内市场上的知名度和美誉度，其市场竞争力和占有率不断提高，目前产品远销上海、北京等各大城市，在很多果品市场上供不应求。茶叶是广西的优势特色产业之一，是农民收入的主要来源之一。但是，广西茶叶产业相比于浙江、福建、云南等省，市场竞争力明显不足，其中很大的原因是没有“龙井茶”“安溪铁观音”“普洱茶”这些品牌的支撑。为此，广西从申报茶叶地理标志入手，先后有“六堡茶”“凌云白毫茶”“南山白毛茶”“横县茉莉花茶”“大新苦丁茶”“大瑶山甜茶”“姑辽茶”“桂平西山茶”“昭平银杉茶”等一批茶叶获得了地理标志产品保护，迅速提高了广西茶叶在国内外市场上的竞争力，其中，“六堡茶”自获得地理标志保护以来，出口东盟市场的形势非常好。

第四，发展地理标志产品，可以促进产业结构调整，推进农业产业化发展。很多获得地理标志的农产品，其加工生产属于劳动密集型产业，可以有效地配置农村剩余劳动力。同时，在发展过程中形成了“公司+地理标志+农户”的生产模式，增加了农产品的附加值。因为地理标志商标属于证明商标或者集体商标，地理标志产业的发展提高了农民进入市场的组织化程度，很多地方形成了以地理标志为核心，市场、加工、物流等一条龙的完整产业链，形成“一业兴，百业兴”的发展局面。如，以广西地理标志“荔浦芋”产业为例，荔浦县建设了荔浦芋产业发展区，成立了“荔浦芋”的农业合作社，构建了“龙头企业+专业合作社+农户”的生产销售模式，使得荔浦芋头畅销国内外。

第二节　地理标志与生态环境保护的关系

一、生态环境保护是培育和发展地理标志产业的关键

从地理标志的概念来看，影响地理标志的主要因素有两个：自然因素与人文因素。其中，原产地的气候、水质、土壤、天然物种等是自然因素，是决定该产品能否成为地理标志的基础性条件；而该产品特有的生产工艺、配方、流程以及与该产品有关的传统文化是人文因素，是决定该产品能否成为地理标志的必要性条件。从生态环境学的角度分析，自然因素是某个地理区域生态环境的表现，某个产品想成为地理标志，必须要有特殊且优美的生态环境。如广西获得地理标志保护的“田阳香芒”和“田东香芒”产品，其外观亮丽、色泽鲜艳、香气浓郁、味道好、糖度高、耐贮运、品质优良，深受消费者和果品销售商的欢迎。其优良的果品质量源于其独特的产品产地——广西右江河谷地带，整个右江河谷南北宽约20公里，绵延130余公里，土地总面积3400平方公里，这里夏无台风、冬无霜冻、土壤肥沃、光热充沛、雨热同季，是我国著名的三大亚热带季风气候区之一，良好的生态环境非常适合芒果的种植和生产，袁隆平院士曾经赞誉这里为“右江河谷赛江南”。

我国地理标志产品中很多是农副产品，对某个地域的生态环境要求比较严格，因此，特定的生态环境是认定某个产品能否成为地理标志产品的必要条件之一。如，在国家质检总局颁布的《地理标志产品保护规定》

中，申请人要提供申请地理标志产品的相关证明材料，该材料要能够充分证明申请地理标志保护产品应具备的基本要素，而自然因素需要证明该产品与特定的生态环境有关，其证明材料就涉及有关生态环境的要求。[1] 就广西地理标志产品“桂林三花酒”而言，除了其要求的独特的酿造工艺和纯正的原材料外，对生态环境的要求也非常苛刻，必须要取自漓江的水酿造，尤其是象鼻山下漓江江底深潭涌出的地下泉水，质地纯甘，含微量矿物质，无杂物怪味，这为三花酒提供了优良的“酒中之血”，酿造好的三花酒再贮存于桂林冬暖夏凉的喀斯特岩洞中，使得酒质愈加醇和芳香。再如，广西地理标志产品“罗城野生毛葡萄酒”的产地罗城，处于桂西北九万大山之中，山区的土壤、降雨、光照等自然条件都非常适合野生毛葡萄的生长，而且该县工业化程度低，生态环境保护良好，使得野生毛葡萄可以在无公害的环境下生息繁衍。以野生毛葡萄酿制的葡萄酒，外观深红透亮，色泽典雅，呈琥珀色；细品则甜中微酸、舌齿生津、余香隐隐、醇厚爽口、酒味层次丰富细腻，堪称色香味俱全。

二、地理标志制度的生态化，有利于促进当地生态环境的保护

根据TRIPS协议对地理标志保护的规定，地理标志

---

[1] 国家质检总局颁布的《地理标志产品保护规定》中规定的与生态环境有关的证明材料包括：产品名称、类别、产地范围及地理特征的说明；产品的理化、感官等质量特色及其与产地的自然因素和人文因素之间关系的说明；等等。

产品的品质和声誉取决于特定产区的生态环境，因此，要保证地理标志产品的特有品质和独特声誉，原产地生态环境的保护至关重要，地理标志这一知识产权制度的出现为我们提供了一个人与自然和谐发展的共振点，对于破解环境（尤其是农村环境）与发展悖论提供了希望之光。

(1) 地理标志产业的发展不能突破生产地域范围和环境承受能力的约束，要想做强做大地理标志产业，就必须持续改进原产地的生态环境。地理标志产品具有独特品质，在质量方面具有不可复制性，所以，很多地理标志产业的发展要走精品路线，突出绿色生态的特质，要做强做精，不能盲目地追求做大，这样才能走出一条可持续发展的道路。如，广西“巴马火麻”地理标志产品是迄今为止发现的最有效的抗辐射和抗衰老植物，目前主要产于巴马的大石山区，受地理、环境、气候、水质、土质等诸多条件影响，生长周期长，具有独特的食用、美容和医用价值，但是其因为对自然生态环境要求极为苛刻，每年的产量稀少且价格昂贵。因此，在面对特定地域范围和环境承受能力的刚性约束下，保护和改善产区的生态环境是做强做精地理标志产业的重中之重。如果想做强做大地理标志产品，就要搬迁产区的重污染企业，扩大耕地面积，实现环境开发与地理标志产业发展的对接。

(2) 做强地理标志产业的关键是保护产地的生态环境，使地理标志产品的品质得以传承。我国大多数地理标志的权利人都制定了地理标志产品的质量标准、准入标准、养殖种植等技术规范，对施用的化肥与农药的品种和数量、饲料成分、周围环境管控等涉及生态环境安全的要素都做了严格的规定。然而我国很多地理标志的产区原本山清水秀，但因为污染和乱捕滥伐而变得面目全非，给地理标志产品的生产带来了很大的困难。如，福建“宁德大黄鱼”地理标志产品，普通养殖的大约160元一斤，而野生大黄鱼色泽金黄，需要2300元一斤，就是因为人们涸泽而渔，野生大黄鱼几近绝迹[1]；广西也有很多水产类地理标志产品，如“大化大头鱼”“合浦文蛤”“官垌草鱼”“钦州石金钱龟”“钦州大蚝”“钦州青蟹”“桂平黄沙鳖”“平南墨底鳖”等，如果想维持并扩大水产类地理标志的声誉，必须对当地的生态环境加以保护。

（3）地理标志产业与旅游经济相融合，可以推动生态环境的保护和改善。很多以种植养殖及传统手工艺为特色的地理标志产品具有很强的观赏性，经过整合就可以成为融自然与人文的旅游观光项目，地理标志产业与旅游产业的深度融合，可以降低地方对高耗能、高污染的工业项目的倚重，有利于保护和改善生态环境。如，桂林目前正在打造“国际旅游胜地”，很多国内外的游客均把桂林作为旅游目的地，桂林就可以把本地的地理标志产品，如“桂林西瓜霜”“桂林腐乳”“桂林三花酒”“永福罗汉果”等与旅游紧密结合起来，发展旅游经济，减少高耗能污染产业，保护当地的生态环境。

（4）对于获得地理标志名称的产品，各地质检机

---

[1] 陈惟、杨骁希：“那山那水那些滋味 中国国际地理标志产品让人食指大动”，载《文汇报》2012年12月23日。

构还应该对与产品质量相关的生态环境进行监管。地理标志质量日常监管的一个重要方面就是看地理标志产品的生产环境是否合格。对此，我国《地理标志产品保护规定》第22条就有相关的规定。❶ 我国很多省市对地理标志的产地环境保护非常重视，比如，规定农产品地理标志主产区内不得有工业和生活污染源，不能够破坏当地的水文地质条件，如宁夏对“贺兰山东麓葡萄酒”的产地就有这样的规定。❷ 但目前很多地方还没有针对某一地理标志产品制定具体的原产地域保护的管理办法，未来可以借鉴国内外的先进经验，制定更多的针对某一地理标志产品的原产地域保护管理办法。当前，监管的目标主要是促进地理标志产业发展的标准化、无害化、规模化。如，对农产品地理标志产业而言，要建立无公害的生产基地，在生产过程中要做好病虫害和农药残留的标准化检测与控制。

（5）发展地理标志产业需要多部门的协作，以保护原产地域的生态环境。原产地优良且独特的生态环境是培育和壮大地理标志产业的基础，没有符合规定的生态环境，地理标志产业的发展就是无源之水。然而当前

---

❶ 《地理标志产品保护规定》第22条规定：“各地质检机构对地理标志产品的产地范围，产品名称，原材料，生产技术工艺，质量特色，质量等级、数量、包装、标识，产品专用标志的印刷、发放、数量、使用情况，产品生产环境、生产设备，产品的标准符合性等方面进行日常监督管理。”

❷ 2011年宁夏区政府颁布了《贺兰山东麓葡萄酒原产地域保护管理办法》，其中第2条规定：“贺兰山东麓葡萄酒地理标志产品保护区内，原则上只建设与葡萄及葡萄酒产业有关的项目，且须符合环境保护、土地利用等相关政策。严禁在保护区及其周边5公里范围内，开工建设石油、化工、建材、制药、采矿等对保护区土壤、水质、大气造成污染，对葡萄产业发展造成影响的项目。”

很多地方的生态环境恶化，给地理标志产品的产业化带来了威胁，多地也采取了多种措施保护原产地域的生态环境，以保障地理标志产品的品质。如，贵州“茅台酒”地理标志产品的生产要依赖原产地域独特的气候条件、水文环境、微生物群落和传统工艺的完美结合，但自20世纪90年代以来，该省怀仁市茅台镇违规建设酒厂风气日盛，这些厂酿酒产生的废气和废水直接排放到大气和赤水河中，严重威胁到茅台酒原产地域的生态环境安全，为此，贵州省环保部门2007年曾查处41家违法酒厂，并与原产地域的25家规模白酒企业签订了“十一五”主要污染物总量削减目标责任书，详细规定了控制目标、具体措施和污染防治重点项目建设情况，并规定完不成削减任务的企业将被强制减产甚至停产。❶ 可见，保护地理标志产品原产地域生态环境，需要环保部门、工商部门、质检部门等多部门的通力协作。如，2014年12月，国家质检总局与林业局就签订了《关于促进生态林业民生林业发展合作备忘录》，双方将共同推进林产品地理标志和生态原产地保护。广西也有很多酒类地理标志产品，如“桂林三花酒”“湘山酒”“罗城野生毛葡萄酒”“都安野生山葡萄酒”等，对产区生态环境的要求也比较苛刻，这当然需要多个部门的合作，以保护和改善原产地域的生态环境。

总之，良好且独特的生态环境是生产具有特定品质和声誉的地理标志产品的基础。因此，维持和改善某一

---

❶ 李忠将：“保护茅台酒原产地域生态 25 家白酒企业签减排责任书”，载新华网 2007 年 11 月 1 日。

地域的生态环境，是培育地理标志、发展地理标志产业的前提；同时，地理标志产业不断发展与壮大的过程，也对该地域内生态环境的保护起着非常重要的作用。我们对地理标志这一知识产权类型的保护，很好地诠释了知识产权制度生态化的趋势和内涵。

第三节　地理标志生态化过程中的经济学困境与反思

针对地理标志制度生态化的过程，首先需要对地理标志本身及其制度进行深入研究，只有科学的地理标志制度才能加快地理标志制度生态化的步伐，以下就对地理标志本身和地理标志保护模式加以经济学分析。

一、地理标志本身的经济学特征，决定了其在生态环境保护方面"心有余而力不足"

经济学上将物品分为私人物品、准公共物品、纯公共物品，其划分的依据就是该物品是否具有竞争性和/或排他性。知识产权具有私权属性，在经济学上一般属于私人物品，如，普通商标具有明显的竞争性和排他性，就属于私人物品。然而地理标志却是知识产权类型中的一种特例，在经济学上属于准公共物品中的俱乐部产品。

虽然同为商品的标识，但地理标志与普通商标相比具有以下特点：(1) 各国并不是将地理标志作为普通商标进行保护，而是将之注册为证明商标或集体商标进行保护，目前多为证明商标；(2) 各国往往对地理标志注册人的主体资格进行限制，一般是对商品和服务的特定品质具有检测和监督能力的组织，通常为行业协会，而普通商标的注册人一般为个人或者企业；（3）地理标志的所有权归注册人所有，但是，集体成员或者符合使用条件的企业或个人均可申请使用该地理标志，地理标志所有人无法定理由不能拒绝，参见图 9－1。

	竞争性	非竞争性
排他性	私人物品	准公共物品：俱乐部物品
非排他性	准公共物品：公共资源性物品	纯公共物品

图 9－1　公共物品的分类及特点

从经济学的角度分析，地理标志的俱乐部产品属性决定了其具有以下特征：（1）排他性，由于某产品的地理标志只表明了它产于特定地区，地区的不可转移性决定了只能由该区域内的经济主体对该产品的知识产权享有权利，也因此排除了其他区域经济主体对该产品的知识产权享有的权利，由此可见，地理标志的“排他性”也是相对的，它只排除了区域外的经济主体。（2）非竞争性。地理标志的“非竞争性”是指当使用该地理标志的经济主体不断增加时，在不增加社会成本的前提下，不会影响原来经济主体对该地理标志的使用，即新增地理标志的经济主体使用该物品的边际成本为零。（3）永久性。普通的知识产权都有保护期限的限制，而地理标志、商业秘密在保护期限上却不受限制。以地理标志为例，只要其保护的产品质量、商誉始终存在，对其保护期限的限制就缺乏法理依据，法律就应该对其永久保护。

地理标志本身的经济学特征，在一定程度上阻碍了其在生态环境保护方面作用的发挥。原因有以下几点：(1) 由于大气、水体等物质的流动和交换，现有的很多生态环境污染是跨区域的，如最近几年存在的雾霾污染和流域污染。然而地理标志的“排他性”只是在某个特定地区具有排他性，它可以对当地的生态环境保护起促进作用，却无法阻碍临近地区的生态环境污染，也无法阻碍附近生态环境污染向本地区的扩展。

(2) 某个地区有不同的利益主体，存在对生态环境保护的不同利益诉求。如，有些居民希望当地山清水秀，适合生产符合地理标志质量要求的农产品；而有些居民则希望生产经济附加值高的工业产品，对生态环境的诉求不太强烈。由于地理标志的“非竞争性”和“非排他性”，其产生的利益只能在地理标志产品生产者之间进行分享，无法满足该地区所有居民的利益诉求，因此，我们不难发现，很多地方政府一方面在大力整治环境污染，为农产品地理标志的生产提供良好的生态环境；另一方面又在倡导“工业强市”，上马一些对生态环境有影响的工业项目，以提高本地区的GDP。这使得地方政府在生态环境治理方面存在一定的“政府行为悖论”。

(3) 在2013年《商标法》修改中删掉了因商品质量问题可以撤销注册商标的规定，删除的原因是商品和商标具有相对独立性，各自拥有不同的管理制度，不宜牵连。这一新的删除规定对于普通商标来说具有一定的合理性，因为如果某一厂家生产的产品质量出现了问题，必然会波及该产品的商标。然而地理标志与普通商标有不同之处，因为很多地理标志是集体标志，具有“非排他性”，这自然会出现个别地理标志产品生产商为了自身的经济利益，不注重生态环境保护，却影响了整个地理标志产品的声誉的问题；而且问题出现后，该厂商并没有承担全部的损害结果，而是将之转嫁给集体成员承担。这一问题的存在，客观上阻碍了地理标志在保护生态环境方面作用的发挥。

（4）商标保护是有期限的，如，我国《商标法》规定，普通商标的有效期为10年，期满可以续期，地理标志作为集体商标或证明商标受《商标法》调整时自然具有保护期限。然而商标如果作为“地理标志保护产品”或“农产品地理标志”（后面有论述）等非《商标法》保护模式时，却没有保护期限的限制，具有“永久性”特征，那么既然地理标志产品的质量与声誉与其所在区域的生态环境戚戚相关，如果该区域生态环境恶化已不足以支撑该产品获得地理标志保护所应有的质量标准，该产品的地理标志保护也应该予以终止，但是我国目前其他法律法规中没有相关规定。

二、我国现有的地理标志保护模式不利于生态环境的保护

目前，国内外对地理标志的保护有以下不同的模式：反不正当竞争法模式、商标法模式、专门立法模式、混合模式。目前我国对地理标志保护采取的是混合模式，共有三个部门处理与地理标志相关的注册、核准与登记等管理事宜。其中，国家工商行政管理总局根据《商标法》的规定，对地理标志作为集体商标或证明商

标进行注册管理，凡经国家工商行政管理总局商标局依法核准的集体成员或经注册人许可的产品生产者、经营者，均可使用该局颁发的地理标志专用标志——“中国地理标志”（GI）；国家质量监督检验检疫总局根据《地理标志产品保护规定》，受理审批某产品为地理标志保护产品，该地理标志产品保护范围内的生产者可向当地质检部门申请使用国家质检总局颁发的地理标志专用标志——“中华人民共和国地理标志保护产品”；国家农业部根据《农业法》和《农产品地理标志管理办法》，负责全国农产品地理标志登记工作，符合条件的生产者、经营者可以申请使用农业部颁发的地理标志专用标志——“农产品地理标志”。图 9 –2 所示为三种不同标志的样式。

图 9 –2

混合模式的地理标志保护模式，从经济学上分析，优点是不同主管部门依据其专业优势，可以快速地解决不同类的地理标志产品的认证和注册工作，也可以高效率地处理本系统内部的地理标志纠纷。然而其在对于地理标志发挥生态环境保护方面，却存在以下缺点：（1）增加了地理标志保护立法的成本与“生态环境保护”标准不统一的风险。与专门立法模式相比，混合立法模式授权不同部门制定地理标志保护的不同规章制度，不论哪一项法律规章都需要进行独立的调研、论证、修改、表决等过程，这无疑增加了立法成本；同时，这也增加了不同法律之间表述不统一的风险，如，“农产品地理标志”申报中有当地“自然生态环境”的要求，而《商标法》中则没有该要求。(2) 增加了地理标志保护过程中的交易成本，也给当事人规避“生态环境保护义务”提供了条件。由于不同行政部门从自身利益出发，制定了不同的地理标志认证和注册程序，权利人要向不同的部门申报，甚至某些权利人就同一产品还要向不同部门申报不同的地理标志保护类型，如，广西的“永福罗汉果”和“阳朔金桔”既是地理标志注册商标，也申请获得了“地理标志保护产品”，其结果必然是造成了地理标志注册审查工作的重复和资源浪费。另外，不同的地理标志模式对“自然生态环境”要求的不同，也给申请人提供了不同的选择机会，如，有些地理标志生产商不符合“农产品地理标志”要求的自然生态环境条件，就转而去申请注册地理标志商标，这给当事人规避“生态环境保护义务”提供了便利条件。(3) 增加了地理标志保护过程中权利冲突的风险与成本，也给地理标志的生态化蒙上了阴影。所谓知识产权的权利冲突，是指两个或者多个由不同主体合法取得，基于同一创造成果或商业标记而产生的知识产权之间的利益矛盾或者权利抵触。不同知识产权权利的取得对生态环境保护标准的要求不同，自然也会给生态环境保护标准的统一带来不利影响。由于采用混合立法模式的保护，同一地理标志产品就有可能由不同的权利人获得不同的知识产权保护，在我国已经出现了多起地理标志注册商标与地理标志保护产品（原产地标记）的冲突，如“东阿阿胶”“狗不理包子”“金华火腿”等。以上冲突的出现，一方面增加了解决纠纷的诉讼成本，另一方面也体现出不同权利的生态环境标准的差异。

基于对地理标志保护模式的经济学分析，未来我国的地理标志保护模式应逐步过渡到专门立法保护的模式。具体到我国当前的实际情况，在不同于普通商标的前提下，应在商标法的体系中对地理标志采用证明商标或集体商标保护的模式，这种模式是运用已有的法律资源对地理标志的保护，既有利于节约行政资源，也有利于避免因主管机关不同而引发的权力冲突和纠纷，减少法律保护中的交易成本[1]，是一种比较现实和经济的保护模式。

---

[1] 任其俊、黄岩：“地理标志保护的研究和经济学分析”，载《地域研究与开发》2007年第6期，第58页。

第十章

植物新品种权制度生态化的法经济学思考

我们生活的星球上存在着形态各异且能满足人类生存和发展的各种植物资源，同时，人类社会也用自己的聪明才智培育了种类繁多的植物新品种。随着生物技术的发展，植物新品种的保护已成为国际知识产权保护体系中重要的内容之一，其可能引发的生态环境问题也是当前国际知识产权界和环境法学界关注的焦点之一。

植物新品种是指经过人工培育或者对发现的野生植物加以开发，具备特异性、新颖性、稳定性、一致性的植物品种。在当代，植物新品种越来越表现出现代生物工程技术作用于原始农业产品的结晶，育种者需要花费很多的时间、金钱与人力投入。而农业生产对自然条件和自然环境的依赖使农业技术的开发要在室外进行，其“田间公示”的特点容易使人无偿地获取育种材料和技术信息，更无法预防他人不经育种者同意就以商业目的出售该品种，市场风险很大。如果不能在植物新品种的培育和推广过程中保护育种者的创造成果，必将严重挫伤育种者对培育植物新品种的投资和研究积极性。因此，各国都规定完成育种的单位或者个人对其授权的品种享有排他性的使用权，即植物新品种权，该权利属于知识产权的范畴。

国际上最早规定对植物新品种进行保护的公约是1961年通过的《国际植物新品种保护公约》（又称UPOV公约），公约规定各成员国可以对植物育种者提供专利保护或者特殊保护，但两者不得并用，对此，多数成员国选择了植物新品种权保护。然而随着生物技术的发展，1991年UPOV公约进行了修订，允许成员国将保护范围扩展至生殖物质以外的部分；同时规定，未经权利人许可，任何从受保护的品种中获得的产品均不得进入生产流通，衍生品种的市场化也在受限之列。可见，修订后的UPOV公约明确了成员国可以对植物品种提供专利保护，从而放弃了最早的禁止双重保护的立场。

我国对于植物新品种的保护起步较晚，这导致我国很多优良品种在外国得不到保护而无偿流失，国家、集体和个人利益蒙受了损失。直到1997年国务院制定了《植物新品种保护条例》，此后也没有制定像《商标法》《专利法》等专门的知识产权法律进行植物新品种保护。可见，从法律依据来看，我国是以专门法模式对植物新品种进行保护的，从2009年开始，我国林业局和农业部开始受理来自国内外育种者的植物品种权申请，并于当年加入了UPOV联盟。截至2014年3月底，农业部共发布了9批植物保护名录，涉及93个植物种属，接受来自国内外的植物品种权申请12111件，授予植物品种权4488件；截至2013年4月，国家林业局共发布了5批植物保护名录，涉及198个植物种属。对于植物新品种对生态环境的效应以及生态化趋势，我们有必要加强分析和研究。

第一节　植物新品种对生态环境的效应分析

一、植物新品种对生态环境的正效应分析

某些植物新品种能够起到治沙绿化、抗旱抗风沙、消除污染、吸附毒物、改善生态环境的作用；而且，植物新品种还拓宽了可利用的植物基因资源，在一定程度上增加了生物多样性。世界上很多科学家均对现有的植物品种进行了一定的驯化或者培育，以获得对改善生态环境有益的植物新品种。如，2007年，中国库姆塔格沙漠联合科考队在该区域发现了大量的沙生芦苇、河西菊、沙拐枣、甘草、沙生柽柳、骆驼刺、罗布麻等耐旱植物，逐对这些标本进行采集，以驯化出新的沙生植物，为沙漠化治理寻找新的耐旱（寒）植物新品种。又如，深圳特麦科生物工程有限公司开发的转基因耐盐抗旱西红柿和烟草新品种，具有显著的吸盐性特征，可以使盐化土壤逐渐脱盐，对我国治理盐碱地、改善生态环境具有很高的推广价值。再如，随着城市化进程的加

快，城市的建筑密度越来越高，立交桥、高架桥、高层建筑下出现了很多阴生环境，这些阴生环境下的绿化也是城市绿化的重要组成部分。种植紫金牛、紫萼、玉簪等耐阴地被植物新品种，具有调节湿度和温度、吸附有害灰尘和气体、平衡空气中的二氧化碳和氧气含量等功能；同时，其还弥补了其他植物的缺陷，可在缺少阳光的地方、阴湿的环境中生长，起到良好的水土保持作用。可见，大力推广耐阴植物新品种的种植，可以提高城市绿化面积，香化、美化和改善城市的生态环境。再如，在农作物中必须防虫，最常用的防虫措施就是施洒化学杀虫剂，而栽种抗虫转基因新品种农作物也可以实现该目标，美国环保局十几年积累的数据表明，栽种抗虫转基因棉花和玉米的非目标生物，无论在种类还是数量上，都比施洒杀虫剂的农田要多得多。从这个角度来看，转基因植物新品种对昆虫的选择性杀害有利于保护非目标昆虫，同时还有利于它们的捕食者，如一些昆虫和鸟类的繁衍。[1]

二、植物新品种对生态环境的负效应分析

（一）植物新品种的培育和种植可能引发的生态环境问题

目前，很多植物新品种是通过生物技术中的转基因技术对已存在的植物进行改良的结果，研究表明，转基因技术对生物多样性及生态环境的安全造成了现实或潜

[1] 颜旸："试论转基因生物对生态环境的影响"，载中华论坛2012年1月26日。

在的威胁。具体的风险体现在：转基因生物的“基因污染”[1]可能造成生态风险，如，利用基因技术获得的新玉米品种具有了抗干旱和抗倒伏的性状，但是在培育过程中没有对特殊基因物质进行有效控制，导致在种植玉米的周围出现了很多抗干旱和抗倒伏的杂草。而这些杂草拥有了转基因技术所赋予的与其他植物竞争的优势，在自然界散播或者存活的时间更长，并不断地侵犯其他植物的领地，出现了“播下的是龙种，收获的是跳蚤”的尴尬现象。很多通过转基因技术获得的植物新品种所表现的特定性状没有经过自然界的“优胜劣汰”选择过程，其结果会打破自然界的生态平衡。我们如果忽视“基因污染”对生态环境的现实或潜在威胁，就可能会重蹈工业革命对生态环境破坏的覆辙，引发更大的生态环境危机。

（二）植物新品种的引进也可能引发生态环境问题

任何一种植物品种都有其特定的生物学特性，都有其适宜的种植条件和栽培技术，并在自然界中与周围的其他植物构成一个良好的生态系统。从其他地区（包括国外）引入（包括有意引入和偶然侵入）的植物新品种如果没有经过严格的区域化引种实验，则不能够大面积种植或推广，若不结合当地生态系统盲目地求新，可能会对当地的生物多样性造成严重的损害。如，凤眼莲（又名水葫芦）最早作为观赏植物引入我国，20 世纪 50 年代被作为猪饲料推广，但其适应力极强，目前已在我

[1] 人工组合的基因通过转基因作物或家养动物扩散到其他栽培作物或者自然野生物种并成为后者基因的一部分，在环境生物学上称为“基因污染”。

国17个省的河道、池塘中疯长，覆盖率可达100%，导致大量水生动植物死亡；微甘菊在20多年前作为护滩植物被引入我国，其具有超强繁殖能力，且喜欢攀援并迅速覆盖整株的灌木和乔木，因光合作用受到破坏而使其他植物窒息死亡，而且微甘菊能分泌毒汁，抑制其他植物生长，对天然次生林、人工速生林、经济林、风景林等几乎所有树种都有严重威胁，造成成片树林枯萎死亡。

三、植物新品种对生态环境影响的不确定性分析

世界上的事物并非都是非黑即白，植物新品种对生态环境的影响也是如此，某些植物新品种对生态环境的影响具有很大的不确定性。从动态角度考量，有些植物新品种在短期内有利于改善生态环境，或者对生态环境的短期影响不是很明显，但是其在未来很长一段时间内的属性或性状是不稳定的，对生态环境的影响也有无法确定的风险。

一方面，植物新品种可以解决当今世界面临的食物短缺问题，改善生态环境，尤其是通过转基因生物技术培育植物新品种无疑是人类科技发展史上最重要的创新之一，也是21世纪最具发展前景的高科技领域。另一方面，很多植物新品种对人类健康和生态环境的危害也具有科学上的不确定性，尤其是随着转基因技术向食品、农业和医药领域的不断渗透，社会公众对转基因植物新品种的政策和法律制度的关注与日俱增，甚至引发一系列的伦理争论。

以现有的科学技术而言，植物新品种对生态环境安全性的威胁到底有多大？其是否必然会破坏生态环境安

全和生物多样性系统？无论支持方和反对方都无法给社会公众以明确和信服的答复，当前的科学界也没有足够的证据证明植物新品种（尤其是转基因植物）对生态环境绝对有害或者必然无害。植物新品种不断出现，我们在看到其提高粮食作物和改善生态环境的作用的同时，也不能忽视其所带来的生态环境影响不确定性因素。我们对植物新品种的培育和推广也应该有足够的信心，至于其可能引发的生态环境问题与危机，则应该通过加强植物新品种的法律监管来防范，包括建立有效的植物新品种生态环境安全管理制度都是很必要的。只有如此，才能在更大程度上降低植物新品种对生态环境的负效应和不利风险，同时又促进植物新品种的不断创新和生物科技的不断发展。

第二节　植物新品种权的生态化思考

虽然植物新品种对生态环境和生物多样性的影响在长期内具有不确定性，甚至已经出现了许多负面影响的例子，但这并不是说植物新品种的大量种植和推广一定会破坏生物多样性和生态平衡。积极推动植物新品种对生态环境和生物多样性的正效应，努力消除其对生态环境的负效应，关键在于对其进行生态化的改造，具体的措施应该包括对植物新品种权授予的“环保性”审查，以及对生态环境不确定性的监管，等等。

一、应明确规定对危害生态环境的植物新品种不得授予品种权

植物新品种可以保持和改善生态环境，也可能威胁

生态环境和生物多样性。为了防止植物新品种对生态环境的负效应，除了对进入境内的植物新品种加强检测、对植物新品种生态环境效应进行长时间实验观察等措施外，还应该对相关的法律进行生态化的处理。我国农业部在2007年通过并于2011年修改的《植物新品种保护条例实施细则（农业部分）》第4条规定，对危害公共利益、生态环境的植物新品种不授予品种权。然而作为其制定依据的《植物新品种保护条例》（1997年制定，2013年修改）中并没有相关的规定，国家林业局通过的《植物新品种保护条例实施细则（林业部分）》中也没有相关的规定。这说明我国对植物新品种可能引发的生态环境问题重视不够，在今后相关法律法规的修改过程中，应当增加“对危害生态环境的植物新品种不授予品种权”的相关规定。

二、对于已经获得授权的植物新品种，出现严重危害生态环境情形时，可终止其植物新品种权

植物新品种对生态环境影响具有不确定性，这就会出现以下问题：当初审批机关在审查该植物新品种是否符合品种权保护时没有发现其对生态环境有危害，因此授予其品种权保护。然而在该植物获得品种权一定期限后，经过规模化的种植或栽培，出现了危害生态环境的情形，此时能否终止其植物新品种权呢？如，当初利用基因技术培育出抗干旱、抗倒伏、抗虫害的棉花，当时并没有发现其对生态环境的危害，但随着时间的推移，由于风媒或虫媒作用下的“基因漂散”，结果在棉花旁边出现了许多抗干旱、抗倒伏、抗虫害的杂草，该杂草

借助基因技术获得了比其他杂草更多的竞争优势，并进而对生态环境造成了“滞后”影响。我国的《植物新品种保护条例》虽然规定了终止植物新品种权的若干情形❶，但是没有对出现危及生态环境的情形时能否终止其品种权做出规定。对此，建议未来立法中考虑该种情形，对于当初已经获得的植物新品种权，如果出现了危及生态环境的情形，可以在保护期限届满前终止其品种权。

三、应明确规定为了生态环境的安全，可以对某些植物新品种强制许可

1991 年修改后的 UPOV 公约规定，因公共利益、农民特权可对植物新品种权人的权利予以一定的限制，但须给予权利人适当的回报。我国法律法规明确规定了植物新品种的强制许可制度❷，但关于何种事项属于“国家利益或者公共利益等特殊需要”，不管是保护条例还是实施细则，都没有做出明确的规定。对此，建议未来将“为了保护一定区域的生态环境，遏制环境恶化，治理环境污染”列入“公共利益的范畴”。同时，

❶ 我国《植物新品种保护条例》第 36 条规定：“有下列情形之一的，品种权在其保护期限届满前终止：（一）品种权人以书面声明放弃品种权的；（二）品种权人未按照规定缴纳年费的；（三）品种权人未按照审批机关的要求提供检测所需的该授权品种的繁殖材料的；（四）经检测该授权品种不再符合被授予品种权时的特征和特性的。品种权的终止，由审批机关登记和公告。”

❷ 如，《植物新品种保护条例实施细则（林业部分）》第 9 条第 1 款规定：“依照条例第 11 条规定，有下列情形之一的，国家林业局可以作出或者依当事人的请求作出实施植物新品种强制许可的决定：（一）为满足国家利益和公共利益等特殊需要；（二）品种权人无正当理由自己不实施或者实施不完全，又不许可他人以合理条件实施的。”

在生态环境实践保护过程中，要注意植物新品种强制许可的启动条件，即采用其他方法（如，单纯靠人力治理生态环境，需要投入大量的人力；采用化学等手段治污，治理效果不明显或者有引发次生生态环境灾害之虞；由于独特的生态环境如沙漠，没有其他适合该环境种植的植物或栽种其他植物防风治沙效果不理想等）不能有效地治理生态环境，而使用该植物新品种成效显著时，才可以启动。同时，要注意强制许可过程中“合理使用费”的确定问题，在此我们不能适用植物新品种权许可使用费的市场定价方式，因为该方式主要依据市场需求，即如果该品种比较稀缺且需求量较大，则许可使用费就高，反之则低。强制许可模式下的“许可使用费”要综合考虑该植物新品种的研发成本、在恢复或治理生态环境过程中的预计效果、该新品种“许可使用费”的市场价格、同类产品的市场“许可使用费”价格、当地财政的可承担情况等因素，尽量做到合理、公平。

四、利用知识产权的“基于特别待遇的合理使用”制度

基于特别待遇的合理使用是对知识产权权利的限制，它与植物新品种的繁育和推广有着紧密的关系，但也是知识产权制度中容易被忽视的内容之一。此制度主要包括以实验或科研目的使用受保护品种、农民自留受保护品种的种子或种苗不侵犯品种权等。后一种制度即农民特权，农民有权自繁自用授权品种的繁殖材料，即农民有权把授权品种的收货材料作为自己土地上使用的

繁殖材料。农民特权问题是植物新品种国际保护的一个分歧所在，在国际植物新品种保护组织（UPOV）（1978年）的公约文本中就有“除非出于公共利益考虑，育种者可不受限制自由行使所给予的独占权利”的规定，这实际上是默认了农民特权是出于公共利益考虑的强制性例外。而在1991年的条约文本中，却将农民特权由强制性例外变为非强制性例外，有强化保护育种者权利、弱化农民权利保护的趋势，逐步强调对商业性的追求。这一改变会直接导致植物新品种权人向品种使用者（主要是农民）索取更高的品种使用费，并提高品种权人对新品种的占有份额；另外，农民一旦使用新品种，将不得不每年向种业公司购买新种子，自己提供新品种种子的份额将日渐萎缩，品种权人的利润将不断增加。

我国是一个农业大国，全国人口中农业人口占有很高的比重，如何维护农民对植物新品种权的利益，不仅是事关农民增收致富的问题，也是事关改善生态环境的问题。因为随着农民对新品种权的使用的增加，传统品种所依据的生态环境也会逐步改变，农民再回到以往传统品种生产也变得不再可能。随着农民对新品种的依赖逐步增强，农民对新品种种子的需求弹性将越来越小，同时随着品种权人市场份额的提高，品种权人为创新索取的种子价格将会越来越高。因此，根据一系列知识产权国际条约中的例外条款，我们的《植物新品种保护条例》还应该明确规定农民特权，鼓励农民或农民（村）组织基于提高粮食产量、维持生物多样性、保护生态环境等目的，可以自繁自用含有知识产权的遗传材料，以保护农民利益。

五、建立植物新品种与生态环境风险评估检测制度

目前，全球没有统一的适用于各类植物新品种对生态环境安全性的评估和检测方法，各国对植物新品种的保护法律、法规和管理体制也不尽相同。很多植物新品种的研发经过了实验室研究、环境释放、生产性实验和商业化推广等几个环节，每个环节对生态环境的影响都具有不确定性，这就要求对植物新品种的研究在每个环节中进行生态环节影响的风险评估和检测，并以上一环节的评估结果判定是否进行下一阶段的开发研究。因为植物新品种培育技术的不成熟性和对生态环境安全的不确定性，其风险评估和检测既需要在短期内完成，也可能需要长期进行监控，所以，我们要逐步建立和完善植物新品种的生态环境安全风险评估和检测制度。在具体的风险评估过程中，既需要国家权威机构的评估和检测，也要发动全社会有能力和兴趣的科研机构、社会团体和个人参与其中；既要有快速的生态环境风险评估与检测机制，也要有长期甚至几代人的生态环境风险评估与检测机制。在检测中，应该采取风险与效益平衡的原则，综合进行评估，以在获得最大利益的同时，将风险降到最低。[1]

植物新品种对生态环境潜在的生态风险早在1992

[1] 朱俊林："转基因食品安全不确定性决策的伦理思考"，载《伦理学研究》2011年第11期，第17页。

年《生物多样性公约》的条款中就提出过，即要求制定或采取办法酌情管理、管制或控制由生物技术改变的活生物在使用或释放时可能产生的危险，这种危险就包括了对农田等自然生态系统的不利影响，从而影响到生物多样性的保护和持续利用。

第三节　我国植物新品种保护模式与生态环境保护的思考

一、目前的植物新品种保护模式概述

根据我国《专利法》规定，对植物新品种不能授予专利权，而采取了制定《植物新品种保护条例》予以保护。南美洲的一些国家，如智利、阿根廷、乌拉圭、巴西和委内瑞拉等国，也采用了特别法保护模式。这些国家采用特殊模式的依据是：各种植物新品种是各种植物在大自然的优胜劣汰规律中，依靠自身对自然环境的适应和繁衍再生，逐步由低级进化到高级而来的，并不是人类的发明创造，不应该用专利这种垄断性的方式来保护植物新品种；此外，因为植物新品种是有生命的活体，审查其是否符合专利法规定的新颖性和创造性等必备条件时非常困难；也有学者从公共利益出发认为，给植物新品种授予专利垄断，不利于植物新品种的推广和相关信息在研究机构之间的交换；最后，还有学者从专利生态化的角度出发认为，如果给予植物新品种专利保护，可能会存在对生态环境和生物多样性安全的

潜在风险，基于这种风险，应排除对其进行专利保护。[1]

而美欧等国家对植物新品种是可以授予专利权的。美国在1930年就制定了《植物专利法》，并在1953年的《实用专利法》中规定对植物发明可以授予实用专利；同时，为了保护有性繁殖的植物品种，美国又在1979年通过了《植物新品种保护法》；所以，在三法并存的美国，植物品种的申请人可以根据情况选择申请专利或者植物新品种权。另外，欧洲的一些国家如德国、法国、荷兰，也将植物新品种部分纳入了专利法的保护范围，规定列入政府颁布的植物品种明细表中的植物品种受专门法保护，未列入的可申请专利保护。当然，也有意大利、乌克兰、新西兰和匈牙利等国家规定，所有的植物新品种都可申请专利保护。植物新品种可以申请专利保护的依据是：植物新品种符合专利法规定的授权条件。从新颖性来看，虽然新培育的植物从外观来看与既有植物相像，但新品种具有既有品种不可比拟的丰产性、抗逆性、抗倒伏或者抗虫害性等特点；从创造性来看，通过定向培育的植物品种是育种工作者智力劳动的成果，而且目前很多植物品种是通过生物基因技术培育而成的，不同于以往植物品种通过自然界优胜劣汰逐步进化，这些工作都体现了科技工作者的创造性；从实用性来看，许多植物新品种除了可以在种植业生产中产生巨大的经济利益外，还能防风固沙、吸附毒物、保护和改善生态环境，以及丰富现有生物多样性的资源。

---

[1] 周长玲：“专利生态化下植物新品种保护方式的再思考”，载《中国政法大学学报》2013年第3期，第98页。

二、从生态环境保护的角度评价和反思我国的植物新品种保护模式

（一）当前我国还应坚持特别法模式来保护植物新品种

采用特别法还是专利法抑或“双轨制”保护植物新品种，关键在于依据我国当前植物新品种产业发展的现状以及不同模式的利弊影响来权衡与取舍。与遗传资源的知识产权保护现状一样，当前植物品种的资源（原始植物品种）多集中于中国这样的发展中国家，而对植物品种资源进行生物技术研究与开发的优势则集中于发达国家。以专利法来保护植物新品种可以强化发达国家在此方面的优势，而且各国的专利法大都规定，对于第一个专利的改进，如符合“三性”标准，可以授予专利权，而第二个专利的实施依赖第一个专利的，则必须获得第一个专利权人的同意。我国如果借鉴适用专利法的保护模式，对植物新品种的育种和研究将会造成制度上的障碍，如，在中国造成很大影响的孟山都公司“生命海盗”事件[1]就是这一国际背景下的缩影。而如果采用特别法的保护模式，育种者用所保护的品种与其他植

[1] 总部设在美国的跨国公司“孟山都”向全球包括中国在内的百余国申请了有关高产大豆及其栽培、检测的国际专利。这项专利源自对中国一种野生大豆品种的检测和分析，“孟山都”从中发现了与控制大豆高产性状密切相关的基因“标记”。据此，“孟山都”一口气提出了64项专利保护请求。一位国外育种专家在致绿色和平组织的信中指出，若此专利申请不被驳回，其他研究人员在未经“孟山都”同意的情况下，将不能使用上述大豆的遗传资源做研究和育种，该研究领域将受到严重的影响。而种植这些大豆的农民也将可能被迫交纳使用许可费，蒙受巨大的损失。参见薛晖：“‘生命海盗’盯上中国大豆”，载《北京晨报》2001年11月20日。

物杂交生产新品种则不必征得品种权人的同意，品种权人也不能禁止他人同时从事这种行为，这是适用特别法与专利法的最大区别之处。在现阶段的中国，基于植物新品种的育种研究，不论是提高粮食产量抑或改善生态环境，适用特别法模式都有一定的优势。

（二）未来我国可以采用专利法模式保护部分植物新品种

采用何种模式保护植物新品种权，与采用何种方式培育植物新品种紧密相关。传统的植物育种方式是采用杂交育种或者远缘杂交，主要经过“查、引、选、育”四个阶段，即首先调查和挖掘现有的植物品种，然后引入新的植物品种，再对有性繁殖或者无性繁殖的植物进行优选，最后进行培育。传统的育种方式技术成熟且固定，所培育出来的植物新品种变异小。考虑到传统育种方式的技术特点和创新性程度，采用特别法模式即“植物新品种权”是一种不错的选择。

而现代的育种方式更多地采用了细胞工程育种或者生物基因工程育种，前者是用细胞融合的方法获得杂种细胞，并利用细胞的全能性，最后利用组织培养的方法培育出杂种植物新品种；后者则根据育种的目标，从供体生物中分离出目标基因，经 DNA 重组与遗传转化或者直接运载进入受体作物，然后经过筛选获得稳定的遗传工程体，最后经过田间实验与大田选择育成新的植物品种。与常规的育种技术相比，生物基因育种技术更加复杂，要求也更高，具有很多常规育种所不具有的优势，尤其是可以对植物的目标性状进行定向选择和定向变异。现代育种方式虽然给生物多样性和生态环境的保护带来了很多负面影响，但是也有优点，如，细胞工程育种可以克服远缘杂交的不亲和性，有目的地培育优良植物品种，并且采用的细胞克隆技术还可以保存濒危的野生植物资源；而生物基因工程育种则不受种属限制，可根据人类需要有目的地进行植物育种。考虑到现代育种方式的技术特点和创新性程度，我国可以参考美国等西方发达国家的做法，未来可以考虑对以该方式育出的植物新品种采用专利保护，以促进该技术的创新，并激励更多植物新品种的诞生。当然，也有很多学者认为，采用现代育种技术创造出的植物新品种存在威胁生态环境安全的风险，故不能采用专利保护模式。对此，我们应该明白，某一新产品或技术方法不能因为有破坏生态环境的风险就不能采用专利保护的模式，目前，我们创造出的很多新产品或方法都存在破坏生态环境的负面影响，但这并没有妨碍其采用专利法的保护。从“科技中立”的角度来看，只要不是严重污染环境、给生态环境造成不可恢复或者不可拟的损害，我们就是可以对其授予专利权的。

（三）我国应研究植物新品种国际保护的策略

首先，虽然 UPOV 公约早已被多国签订，但是国际社会要达成统一的植物新品种的保护模式仍然任重而道远，而且知识产权效力具有地域性特征，这就使得我国权利人寻求植物新品种的国际保护遇到很多困难。在国际贸易实践中，许多国际植物新品种保护联盟的成员国为了保护本国育种者的权利，经常对其他成员国的农产品贸易采取限制政策，比如不保护在他国申请成功的植物新品种、不向他国出口或者只出售保护期满的品种等。因此，在植物新品种日益流通频繁的现代，我国权利人应采取灵活方式，可以在不同的国家寻求不同的植物新品种保护模式。如，2006 年，河北省林科院成功培育出美人榆，其具有色泽亮丽、叶片金黄、适应性广、乔灌皆宜等特点，并于当年获得了国家林业局颁发的植物新品种权证书；同时，为了在国际上保护这一新品种，河北省林科院还向美国专利与商标局申请，并于 2013 年获得了美国植物新品种权保护证书。

其次，要针对关于未来国际植物新品种权保护的 UPOV 公约的修改尽早制定自己的博弈策略。UPOV 公约 1991 年修改的结果实际上不利于发展中国家，因为该修改一方面增加了品种权人的创新收益，使其保护范围扩展到新品种的所有范围，包括利用新品种所收获的产品和最终产品；另一方面却削弱了农民使用新品种的特权（breeders' exemption），而农民利用传统方式培育出来的品种资源和保存的遗传资源却作为公共物品没有给予保护。在现在的知识产权体系中，农民特权无论是 UPOV 公约还是专利法均不予承认，因此，以往很多植物新产品国际条约的修改，实际上在增加植物新品种权人收益的同时并没有增加其创新成本，由于植物新品种创新者多集中于发达国家，植物新品种利用者（主要指农民）多集中于发展中国家，这一制度修改的直接法律后果则是发展中国家利益逐步向发达国家的不公平转移，这也是造成双方贫富差距逐步加大的重要原因。[1]

---

[1] 吴立增、刘伟平、黄秀娟："植物新品种保护对品种权人的经济效益影响分析"，载《农业技术经济》2005 年第 3 期，第 58 页。

因此，对于未来国际植物新品种权保护制度的修改，我们应该未雨绸缪，结合我国农业发展的实际情况和农民的需要，积极参与到国际植物保护公约、UPOV 公约、濒危野生动植物国际贸易公约等国际性组织的相关法规、标准和指南的修订中。

参考文献

著作类

[1] [德] 马克斯·韦伯. 新教理论与资本主义精神 [M]. 于晓, 陈维刚, 译. 西安: 陕西师范大学出版社, 2006.

[2] [德] 乌尔里希·贝克. 世界风险社会 [M]. 吴英姿, 译. 南京: 南京大学出版社, 2004.

[3] [德] 米·科斯特. 私法自治及其限制 [A] //中德经济法研究所年刊. 南京: 南京大学出版社, 1994.

[4] [德] 贝克, [英] 吉登斯, [英] 拉什. 自反性现代化 [M]. 赵文书, 译. 北京: 商务印书馆, 2001.

[5] [德] 黑格尔. 法哲学原理 [M]. 范杨, 张企泰, 译. 北京: 商务印书馆, 1961.

[6] [日] 池田大作, [英] 汤因比. 展望21世纪——汤因比与池田大作对话录 [M]. 荀春生, 等译. 北京: 国际文化出版公司, 1999.

[7] [日] 富田彻男. 市场竞争中的知识产权 [M]. 廖正衡, 等译. 北京: 商务印书馆, 2000.

[8] [美] 德内拉·梅多斯. 增长的极限 [M]. 李涛, 王智勇, 译. 北京: 机械工业出版社, 2006.

[9] [美] 艾伦·杜宁. 多少算够——消费社会与地球的未来 [M]. 毕聿, 译. 长春: 吉林人民出版社, 1997.

[10] [美] 诺斯. 经济史中的结构与变迁 [M]. 陈郁, 等译. 上海: 三联书店, 1994.

[11] [美] 罗伯特·考特, 托马斯·尤伦. 法和经济学 [M].

张军，等译. 上海：三联书店，1991.
[12] [美] 保罗·萨缪尔森，威廉·诺德豪斯. 经济学 [M]. 第12版. 高鸿业，译. 北京：中国发展出版社，1992.
[13] [美] 肯尼斯·阿罗. 社会选择与个人价值 [M]. 丁建峰，译. 成都：四川人民出版社，1987.
[14] [英] 弗里德利希·冯·哈耶克. 经济、科学与政治——哈耶克思想精粹 [M]. 冯克利，译. 南京：江苏人民出版社，2000.
[15] [英] 亚当·斯密. 国民财富的性质和原因的研究 [M]. 上册. 郭大力，译. 北京：商务印书馆，1972.
[16] [新加坡] 黎莲卿，等. 亚太地区第二代环境法展望 [M]. 邵芳，等译. 北京：法律出版社，2006.
[17] 杨雄文. 知识产权法总论 [M]. 广州：华南理工大学出版社，2014.
[18] 吴汉东. 知识产权基本问题研究 [M]. 北京：中国人民大学出版社，2004.
[19] 郑成思. 版权公约、版权保护与版权贸易 [M]. 北京：中国人民大学出版社，1992.
[20] 曹明德. 生态法原理 [M]. 北京：人民出版社，2002.
[21] 钱弘道. 经济分析法学 [M]. 北京：法律出版社，2003.
[22] 凌继尧. 艺术设计十五讲 [M]. 北京：北京大学出版社，2006.
[23] 张维迎. 博弈论与信息经济学 [M]. 上海：三联书店，1997.
[24] 徐伟. 《生物多样性公约》与知识产权保护 [A] //吴汉东. 知识产权国际保护制度研究. 北京：知识产权出版社，2007.

论文集

[1] 顾秋鸿. 音乐与环保 [C] //中国音乐治疗学会. 中国音乐

治疗年会第八届年会论文集，2007.
[2] 黄德林，王国飞. 我国知识产权制度与生态环境保护：促进，冲突与协调［C］//中国法学会环境资源法学研究会. 2010 年全国环境资源法学研讨会论文集，2010.

科技报告

[1] Keith E. Maskus, "Intellectual Property Rights and Economic Development", Western Reserve Journal of International Law, 32 Case W. Res. J. Int'l L. 471, at 478.
[2] Morten Walle Tvedt, Elements for Legislation in User Countries to Meet the Fair and Equitable Benefit - sharing Commitment, The Journal of World Intellectual Property (2006).

学位论文

[1] 柒江艺. 开放经济条件下的我国知识产权保护与经济增长研究［D］. 长沙：湖南大学，2011.
[2] 孙祥壮. 知识产权法治构造的理论逻辑［D］. 南京：南京师范大学，2007.
[3] 杨远斌. 遗传资源的知识产权利益分享模式研究［D］. 武汉：华中科技大学，2006.
[4] 韩缨. 传统知识、生物资源获取和惠益分享——兼知识产权的角色分析［D］. 上海：华东政法大学，2004.

论文类

[1] 陈明忠，吴宏伟，刘晶. 引进国外先进技术 促进我国水利科技进步［J］. 中国水利，2002（1）.
[2] 吴汉东. 知识产权的制度风险与法律控制［J］. 法学研究，2012（4）.
[3] 张斌. 论现代立法中的利益平衡机制［J］. 清华大学学报（哲学社会科学版），2005（2）.

[4] 黄莎. 从利益平衡原则看知识产权制度生态化［J］. 河南财经政法大学学报，2013（5）.
[5] 张艳梅. 国际知识产权公约体系下的国际公共领域研究［J］. 当代法学，2011（4）.
[6] 倪娜. 环保美术在小学美术教育中的运用［J］. 科技信息，2007（26）.
[7] 徐亚文. 知识产权法的环境保护义务［J］. 中国地质大学学报（社会科学版），2012（5）.
[8] 宋玉书. 商业广告的生态伦理批评［J］. 中国地质大学学报（社会科学版），2011（5）.
[9] 林玉凤. 生态视野下的商业广告设计［J］. 闽江学院学报，2012（3）.
[10] 董京生. 新加坡、日本公益广告基本情况［J］. 中国工商管理研究，2006（9）.
[11] 李保宁. 席卷全球的绿色浪潮——国外绿色文明的十二种趋势［J］. 国际展望，1998（4）.
[12] 万志前，郑友德. 论生态技术创新的专利制度安排［J］. 科技与法律，2008（5）.
[13] 万志前，郑友德. 知识产权制度生态化重构探析［J］. 法学评论，2010（1）.
[14] 张孜仪. 论专利强制许可制度的生态化［J］. 华中科技大学学报（社会科学版），2011（5）.
[15] 李玉璧. 平行进口的法理分析与立法选择［J］. 西北师范大学学报（社会科学版），2010（4）.
[16] 熊英，别智. 绿色产业与绿色产品、绿色商标［J］. 中华商标，2010（11）.
[17] 严永和. 遗传资源财产权演进的历史逻辑［J］. 甘肃政法学院学报，2013（1）.
[18] 蓝寿荣，谢英姿. 若干国家传统医药知识保护的实践及其启示［J］. 中国软科学，2005（7）.

[19] 薛晓源，刘国良．全球风险世界：现在与未来——德国著名社会学家的风险社会理论创始人乌尔里希·贝克教授访谈录［J］．马克思主义与现实，2005（1）．
[20] 朱俊林．转基因食品安全不确定性决策的伦理思考［J］．伦理学研究，2011（11）．
[21] 周长玲．专利生态化下植物新品种保护方式的再思考［J］．中国政法大学学报，2013（3）．
[22] 任其俊，黄岩．地理标志保护的研究和经济学分析［J］．地域研究与开发，2007（6）．
[23] 吴立增，刘伟平，黄秀娟．植物新品种保护对品种权人的经济效益影响分析［J］．农业技术经济，2005（3）．

报纸类

[1] 吴汉东．知识产权 VS 人权：冲突、交叉与协调［N］．中国知识产权报，2004－01－07．
[2] 林志安，戴晓晖．南安 400 多亩水稻听“大悲咒”增产 15%颗粒饱满［N］．东南早报，2014－09－08．
[3] 刘立灿．中国的环境库兹涅茨曲线问题［N］．新闻晚报，2013－05－25．
[4] 李丽娜．美国专利商标局加速“绿色”专利审查［N］．中国知识产权报，2009－12－28．
[5] 王怡洁．绿色浪潮正席卷全球——从国际绿色动向看中国建材工业的未来［N］．中国建材报，2013－06－21．
[6] 庞瑞峰．中国大豆侵权？［N］．南方周末，2001－10－20．
[7] 龙天传，徐瑕．梧州茶企：“地理标志”持续提升六堡茶竞争力［N］．西江都市报，2014－03－08．
[8] 陈惟，杨骁希．那山那水那些滋味 中国国际地理标志产品让人食指大动［N］．文汇报，2012－12－23．
[9] 薛晖．“生命海盗”盯上中国大豆［N］．北京晨报，2001－11－20．

后　记

近几十年以来，随着经济的快速发展，世界各国开始面临愈加严重的生态环境问题，如重金属污染严重、水资源污染、大气污染、土地荒漠化等，已严重干扰了人们的生产生活。这些严重的生态环境问题与知识产权制度有一定的相关性，知识产权制度推动下的科技进步在提高了人们改造自然能力的同时，也提高了人类破坏自然、污染环境的能力。因此，我们必须对促进科技进步的法律制度——知识产权制度进行反思，要分析知识产权制度在生态环境保护中的“正能量”如何发挥，对知识产权制度的生态化趋势进行研究。近几年来，有关知识产权制度生态化的问题日益受到国内外学者的关注，新的研究成果不断面世，但是缺乏系统的论述和研究。历经两年的伏案写作和不断修改完善，这本凝聚着我们心血的专著终于完稿了。

我们对于知识产权制度生态化问题的思考和研究绝非出于偶然，在 2008 年以前，我们曾对环境资源法学进行初步研究，并出版了《环境资源法学的法经济学研究》一书。后来，我们的研究兴趣逐步转移到知识产权制度中，参与了与知识产权有关的国家社科基金项目和教育部人文社科项目，并就知识产权制度的相关问题先后在《法学杂志》《知识产权》《广西社会科学》《特区经济》《开放导报》《生态经济》等核心杂志发表了多篇学术论文。同时，我们在研究知识产权制度问题过程中发现，知识产权制度与生态环境的保护非常密切，但我国目前对知识产权制度生态化的论述过于分散，于是萌发了写作该专著的想法。翻看辛苦两年的研究“果实”，心里虽有一丝欣慰，但更多的是惴惴不安。从内心来说，选择这样一个知识产权制度与资源环境保护制度交叉学科的问题，经常遇到资料收集的困难，曾经多次产生放弃的想法，但是身边家人和同事的鼓励使我们又重拾信心，不断完善书稿。由于种种主客观条件以及著者水平所限，本书的缺漏甚至某些学术错误也在所难免，尚祈有关专家、学者和广大读者不吝赐教，欢迎大家发电子邮件（E－mail：jiayinshi780515@ guet. edu. cn）予以批评指正，我们将不胜感激。

在本书写作过程中，周围许多同事和朋友不断地给予纠正和指导，我们才得以顺利地完成该书的写作。为此，感谢我校法学院的宋志国教授、余俊教授、高兰英教授、廖柏明教授为我们完成该书的出版提供了诸多帮助。我校知识产权专业的学生在课堂上的激烈讨论，也给本书的写作提供了许多灵感。此外，对于知识产权出版社的牛洁颖女士为本书的出版付出的辛勤劳动，对于我们所任教的法学院各位同事的多方帮助，以及对于本书写作中所学习和参考的众多国内外知识产权法学著述的作者等，表示真诚感谢。

贾引狮　杨柳薏

2015 年 3 月 31 日于桂林电子科技大学